LEARN
SPANISH
(ESPAÑOL)
THE FAST AND FUN WAY

Third Edition

by Gene M. Hammitt
Allegheny College

Heywood Wald, Coordinating Editor
Chairman, Department of Foreign Languages
Martin Van Buren High School, New York

To help you pace your learning, we've included
stopwatches *like the one above* throughout
the book to mark each 15-minute interval.
You can read one of these units each day
or pace yourself according to your needs.

BARRON'S

CONTENTS

Cover and Book Design   Milton Glaser, Inc.
Illustrations   Juan Suarez

© Copyright 2004, 1997, 1985 by Barron's Educational Series, Inc.

All inquiries should be addressed to:
Barron's Educational Series, Inc.
250 Wireless Boulevard
Hauppauge, New York 11788
http://www.barronseduc.com

Library of Congress Catalog Card No. 2003043685

International Standard Book No. 0-7641-2550-8 (book)
0-7641-7686-2 (cassette package)
0-7641-7687-0 (CD package)

PRINTED IN HONG KONG
9 8 7 6 5 4 3 2 1

Library of Congress Cataloging-in-Publication Data
Hammit, Gene M.
Learn Spanish, español, the fast and fun way / by Gene M. Hammitt ; Heywood Wald, coordinating editor. — 3rd ed.
p.   cm.
ISBN 0-7641-2550-8 (book : alk. paper).
ISBN 0-7641-7686-2 (book & 4 cassettes : alk. paper) —
ISBN 0-7641-7687-0 (book & 4 CDs : alk. paper) —
1. Spanish language—Conversation and phrase books—English.   2. Spanish language—Textbooks for foreign speakers—English.   3. Spanish language—Self-instruction.
I. Title: Learn Spanish.   II. Title: Spanish.   III. Wald, Heywood.   IV. Title.
PC4121.H38   2003
468.3'421—dc21
2003043685

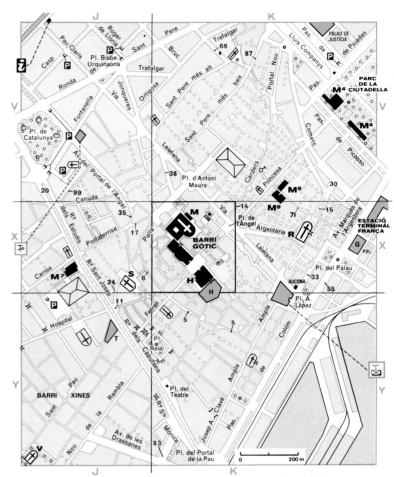

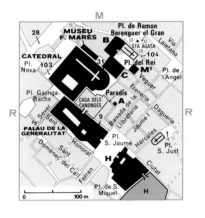

BARCELONA

(From Michelin Guide, Spain—reprinted with permission)

Learning Spanish can be both easy and fun. If you can say the phrases below, you'll see what we mean:

(BWAY-nohs) (DEE-ahs)
Buenos   días.
Hello

(KOH-moh) (ehs-TAH)
¿Cómo   está?
How   are you

You've just said your first words in Spanish, and it was painless, wasn't it?
Want to try some more?

(ah-DYOHS) (AHS-tah) (mah-NYAH-nah)
Adiós.   Hasta   mañana.
good-bye   see you   tomorrow

How would you like to sit at a sidewalk café in Madrid or Barcelona, enjoy the warm Spanish sun, and sip a glass of hearty wine? Just clap your hands loudly several times, and the waiter comes running to take your order. You tell him:

(OO-nah) (KOH-pah) (day) (BEE-noh)
una   copa   de   vino
a   glass   of   wine

At the sidewalk café no one will rush you. You can stay as long as you like and take in the marvelous sights. What a leisurely and pleasant life.

Learning Spanish can be just as simple and uncomplicated. In fact, you will discover that lots of words in Spanish look very much like English words. Take a look at some of the examples below. You'll see that, with a little imagination, you can easily guess their meaning:

foto   americano

capital   guitarra

cheque   torero

paella   cámara

turista   cámara

turista   café

depósito   Francia

taco   vino

PRONUNCIATION: YOUR EASY KEY TO THE SOUNDS OF SPANISH

Many Spanish letters are pronounced more or less the way they are in English. Some, however, are quite different. When you are in doubt, you can refer to this key for a guide since the sounds of the Spanish letters will always be the same. The syllable capitalized is the one you hit harder when saying Spanish words.

SPANISH LETTER(S)	SYMBOLS	PRONUNCIATION/EXAMPLE
VOWELS		
a	ah	Pronounced like the English A in *yacht*. Example: *taco* (TAH-koh)
e	ay, eh	**Pronounced like a long A sound as in the English word *day*, but cut short.** short E sound in the English word pet. Example: *perro* (PEH-roh) dog.
i	ee	Pronounced like a long E as in the English word *meet*. Example: *libro* (LEE-broh) book.
o	oh	Pronounced like a long O as in the English word *open*. Example: *foto* (FOH-toh) photo.
u	oo	Pronounced like the double O in the English word *tooth*. Example: *Cuba* (KOO-bah).
COMMON VOWEL COMBINATIONS		
ai	ahy	The combined *AI* is like the sound in the English word *eye*. Example: *baile* (BAHY-lay) dance.
au	ow	*AU* is pronounced like the sound in the English word *cow*. Example: *causa* (KOW-sah) cause.
ei	ay	*EI* is pronounced like the sound in the English word *day*. Example: *aceite* (ah-SAY-tay) oil.

COMMON VOWEL COMBINATIONS

ia	yah	*IA* is similar to the YAH sound in the English word *yacht.* Example: *Francia* (FRAHN-syah) France.
ie	yeh	*IE* sounds like the YEH sound in the English word *yet.* Example: *siete* (SYEH-tay) seven.
io	yoh	*IO* is similar to the YOH sound in the English word *yoke.* Example: *canción* (kahn-SYOHN) song.
ua	wah	*UA* is pronounced like the WAH sound in the English word *water.* Example: *cuánto* (KWAHN-toh) how much, how many
ue	way	*UE* sounds like the English W followed by a long A as in the word *way,* but cut short. Example: *bueno* (BWAY-noh) good.

CONSONANTS AND COMBINATIONS

c	k	Before *a, o,* or *u,* pronounce the hard English K sound as in *cat.* Example: *campo* (KAHM-poh) field, *cosa* (KOH-sah) thing.
c	s	Before *e* or *i,* pronounce the English S sound as in the word *cent.* Example: *central* (sen-TRAHL) central, *cinco* (SEEN-koh) five.
cc	ks	Pronounced like the English word *accept.* Example: *acceso* (ahk-SAY-soh) access.
ch	ch	Pronounced as in the English word *church.* Example: *mucho* (MOO-choh) a lot.
g	g	Before *a, o* and *u,* pronounce with a hard G sound as in the English word *go.* Example: *gafas* (GAH-fahs) eyeglasses, *goma* (GOH-mah) gum.
g	h	**Before *e* or *i,* pronounce like the letter H in the English word *hot.* Example: *gente* (HEHN-tay) people.**
h (always silent)	—	*H* is always silent. Example: *hasta* (AHS-tah) until.
j	h	**Pronounced like the letter H in the English word *hot.* Example: *José* (hoh-SAY) Joseph.**
l	l	Pronounced as in the English word *lamp.* Example: *los* (lohs) the (plural/masculine).
ll	y	Pronounced like the letter Y as in the English word *yes.* Example: *pollo* (POH-yoh) chicken.
n	n	Pronounced like the letter N as in the English word *no.* Example: *nata* (NAH-tah) cream.
ñ	ny	Pronounced like the NY sound in the English word *canyon.* Example: *niño* (NEE-nyoh) child.
qu	k	Pronounced like the letter K in the English word *keep.* Example: *qué* (kay) what.
r	r	Pronounced with a trill, as when an English telephone operator overpronounces the word *three.* Example: *caro* (KAH-roh) expensive.
rr (or r beginning a word)	rr	Pronounced with a strong trill. Examples: *perro* (PEH-rroh) dog, *rico* (RREE-koh) rich.
s	s	Pronounced as in the English word *see.* Example: *rosa* (RROH-sah) rose.
v	b	Pronounced as a soft English letter B. Example: *vino* (BEE-noh) wine.
x	ks	Before a vowel, pronounced like the KS in the English word *cooks.* Example: *examen* (ehk-SAH-mehn) exam.
y	y, e	When within a word, pronounced as the letter Y in the English word *yes.* Example: *yo* (yoh) I. When alone, pronounced as the English letter E. Example *y* (ee) and
z	s	Pronounced as in the English word *see.* Example: *zapato* (sah-PAH-toh) shoe.

In many parts of northern and central Spain, **c** plus either the letter **e** or **i**, sounds like the *th* in *thing*; for example, **cero** (THEH-roh), **cinco** (THEEN-koh). The letter **z** also has this sound in **brazo** (BRAH-thoh). In southern Spain and Latin America **c** plus **e** and **i**, as well as **z**, have a hissing sound as in the word *kiss*. Throughout our book we will use the latter pronunciation because it is easier and is readily understood throughout the Spanish-speaking world.

Accent Marks

As you learn Spanish, you will need to get used to seeing accent marks. Usually, if you see a mark like this ´ over the letters *a, e, i, o,* or *u,* it will mean that that is the letter which is stressed or sounded the hardest as you say the word. For example, in a word like **nación**, we stress the **o**; in **está**, we hit the **a** more than the **e**; in **túnel**, we sound the **u** harder than the **e**, etc. Sometimes the ´ is used to distinguish between two words which, otherwise, would appear the same. EXAMPLES: **el, él.** *(ehl) (ehl)* As you can see, both words sound exactly alike, but when you
the he

see them in written form, you will know they have different meanings. Other examples:

de, dé
of give

Que, Qué
that what

In the previous key to pronunciation, you will notice that besides the *N*, the Spanish alphabet has an **Ñ**. The two letters sound different since the **Ñ** is pronounced like the *NY* in English *canyon*. *(TEEL-day)* The ˜ is called a **tilde** and appears only over the **Ñ**. Sometimes you will find a *U* with two dots written above it **(ü)**. This simply means that, in this case, the *u* sounds like English *w*. EXAMPLE: **ungüento**. *(oon-GWEHN-toh)*

Question Marks and Exclamation Points

You will soon become acquainted with the fact that, in Spanish, a question mark is used not only at the end of a question, but also at the beginning of the question, but in this case, it is written upside down. EXAMPLE: **¿Cómo está?** *(KOH-moh) (ehs-TAH)* Sometimes the real part of the question does
how are you?

not begin at the very beginning of the question. In that case, the upside down question mark appears where the actual question begins. EXAMPLE: **Señor, ¿cómo está?** *(seh-NYOHR)* The use of the
sir

exclamation mark follows the same pattern. There is a regular exclamation mark at the end of the sentence and another one at the beginning. Example: ¡Buenos días!

Other Things to Know

In Spanish, we do not say *I, you, he, she, it, we* or *they* as much as we do in English. In fact, they are more often omitted than used, as long as the meaning is clear from the context of the conversation.

One last note about the text. We have not used any verb tense except the present tense. That was so you could attain a level of conversational Spanish quickly. You'll be surprised how much you can say in the present tense, but later you will probably want to expand your knowledge of Spanish to other tenses.

4

GETTING TO KNOW PEOPLE

(say) (koh-NOH-say) (ah) (lah) (HEHN-tay)
Se conoce a la gente

	(BAH-mohs) *(ah)* *(kohn-behr-SAHR)*
1	# Vamos a conversar
	Let's Converse

When you go to a Spanish-speaking country, and we hope you will soon, one of the first things you will want to do is to meet people and strike up a friendly conversation. To do this you will need some handy expressions for conversation openers. You'll find several of them you can use in these easy conversations. Underline them so you can remember them better.

(bah-RAH-hahs)

Mark Smith, his wife Mary, their daughter and son have just arrived at the Barajas Airport near Madrid, Spain and are looking for their luggage—the eternal problem for all tourists. Mark approaches an airline employee:

(BWAY-nohs) (DEE-ahs) (seh-NYOHR) (BOOS-koh)   *(mees) (mah-LEH-tahs)*
MARK   **Buenos días, señor. Busco mis maletas.**
Good morning   sir   I am looking for my   suitcases

(ehl) (ehm-play-AH-doh)   *(byehn) (KOH-moh) (say) (YAH-mah)*
EL EMPLEADO   **Bien. ¿Cómo se llama?**
the employee   O.K.   What's your name

(may) (YAH-moh)
MARK   **Me llamo Mark Smith.**
My   name is

(DOHN-day) (BEE-bay)
EL EMPLEADO   **¿Dónde vive?**
Where do you live

(BEE-bo) (ehn) (lohs) (ehs-TAH-dohs) (oo-NEE-dohs)
MARK   **Vivo en los Estados Unidos.**
I live   in   the   United   States

(ee) (NOO-meh-roh) (day) (soo) (BWAY-loh)
EL EMPLEADO   **¿Y el número de su vuelo?**
and   number   of   your   flight

(trays-SYEHN-tohs) (trays) (day) (NWAY-bah)
MARK   **El vuelo trescientos tres de Nueva York.**
303   from   New York

(oon) (moh-MEHN-toh) (pohr)(fah-BOHR)
EL EMPLEADO   **Un momento, por favor.**
One   moment   please

Read the conversation aloud several times and imitate the sounds written above the words. The more times you do it, the easier it will come. When you feel confident, try filling in the words we have omitted. You can always check on yourself by looking back at the conversation.

5

MARK   B_____ d_____, señor. Busco mis _____.

EL EMPLEADO   Bien. ¿Cómo se _____?

MARK   Me _____ Mark Smith.

EL EMPLEADO   ¿Dónde _____?

MARK   V_____ en los _____ _____.

EL EMPLEADO   ¿Y el _____ de su vuelo?

MARK   El _____ trescientos tres de Nueva York.

EL EMPLEADO   Un momento, _____ _____.

Now see if you can answer these questions:

What is a polite greeting in Spanish? _____.

When you travel what do you pack your clothes in? En las _____.

How do you ask someone his name? ¿_____?

If someone asks you your name, how do you reply?

_____ _____ _____ _____.

What country do you live in? Vivo en _____ _____.

Spaniards are very courteous. If you want to ask a favor, what do you say?

_____.

Here's another short conversation to help you learn those courteous phrases everyone needs to know.

Mark runs into his old high school teacher in the airport.

(lah) (seh-NYOH-rah)   *(ehs-TAH)*
LA   SEÑORA BROWN   ¡Mark! ¿Cómo esta?
         Mrs.   How   are you

                              (OH-lah) (byehn) (GRAH-syahs) *(oos-TEHD)*
MARK   ¡Señora Brown! Hola.   Bien, gracias, ¿y usted?
                              Hi, Hello. Well   thanks   you

6

LA SEÑORA BROWN **Muy bien, gracias. ¿Está de vacaciones?**
(mwee) *(bah-kah-SYOH-nays)*
Very well   Are you on vacation?

MARK **Sí, con mi familia: mi esposa, mi hija y mi hijo. La presento.**
(See) (kohn) (mee) (fah-MEE-lyah) (ehs-POH-sah) (EE-hah) (EE-hoh) (pray-SEHN-toh)
Yes with my my wife my daughter my son I'll introduce you

Mary, la señora Brown, mi profesora.
(proh-fay-SOH-rah)
teacher

MARY **Mucho gusto.**
(MOO-choh) (GOOS-toh)
Pleased to meet you

LA SEÑORA BROWN **Igualmente.**
(ee-gwahl-MEHN-tay)
the same here

1. What single word is used to say "Hi" or "Hello"? _____

2. How do you ask about someone's health? ¿_____

_____?

3. If someone asks you how you are, how do you reply that you feel very well?

_____.

4. When introduced to someone, what should you say? (2 words)

_____ _____.

The airport employee returns.

EL EMPLEADO **Perdón, sus maletas llegan mañana.**
(Pehr-DOHN) (soos) (mah-LAY-tahs) (YAY-gahn) (mah-NYAH-nah)
Excuse me your suitcases are arriving tomorrow

MARK **¡Qué cosa! Gracias.**
(kay) (KOH-sah)
Good grief

EL EMPLEADO **De nada.**
(NAH-dah)
You're welcome

MARK **¡Adiós!**
(ah-DYOHS)
Good-bye

EL EMPLEADO **¡Adiós y hasta mañana!**
(AHS-tah)
until tomorrow

5. What single word can you use to ask someone's pardon? _____

6. What is a useful phrase to express your surprise or disgust? _____.

7. How do you say "thank you" to someone? _____.

8. If someone thanks you, how do you reply "you're welcome"? _____.

9. How do you say good-bye? _____.

10. But if you're coming back tomorrow, what might you add? _____.

Can you rearrange the words below so they make sense?

11. señor, días, buenos _____

12. ¿llama, se, cómo? _____

13. los, vivo, Unidos, en, Estados _____

14. momento, favor, un, por _____

15. ¿está, cómo, usted? _____

16. maletas, mis, busco _____

(rray-KWEHR-day)

Recuerde
Remember

Write out the new words and say them aloud.

(ehl) *(ah-eh-roh-PWEHR-toh)*
el   aeropuerto
the   airport

_____

(ehl) *(ehm-play-AH-doh)*
el   empleado
the   employee

_____

(lahs) (mah-LAY-tahs)
las maletas
the suitcases

_____

(lohs) (ehs-TAH-dohs) (oo-NEE-dohs)
los Estados Unidos
The United States

_____

(ehl) (BWAY-loh)
el vuelo
flight

_____

(ehs-POH-soh)
el esposo
husband

(ehs-POH-sah)
la esposa
wife

(EE-hoh)
el hijo
son

(EE-hah)
la hija
daughter

_____

(fah-MEE-lyah)
la familia
family

_____

(ehs-PAH-nyah)
España
Spain

_____

PERSONAS Y COSAS

(pehr-SOH-nahs)　　*(KOH-sahs)*

People and Things

One of the first things you will need to do in Spain or Latin America is to name and identify people and things, whether it's one person or thing or several. To change names of things and people to the plural is simple.

Singular y Plural

If the word ends in a vowel (a, e, i, o, u), just add **s**. If it ends in any other letter, add **es**.

(oos-TEHD)　*(oos-TAY-days)*

Examples: vuelo, vuelos; maleta, maletas; usted,   ustedes; favor, favores.

                                you (sing.) you (plural)

    Try writing the singular and plural of the words pictured below in the blank spaces beside the pictures. Remember when to use **s** and **es** when writing the plurals.

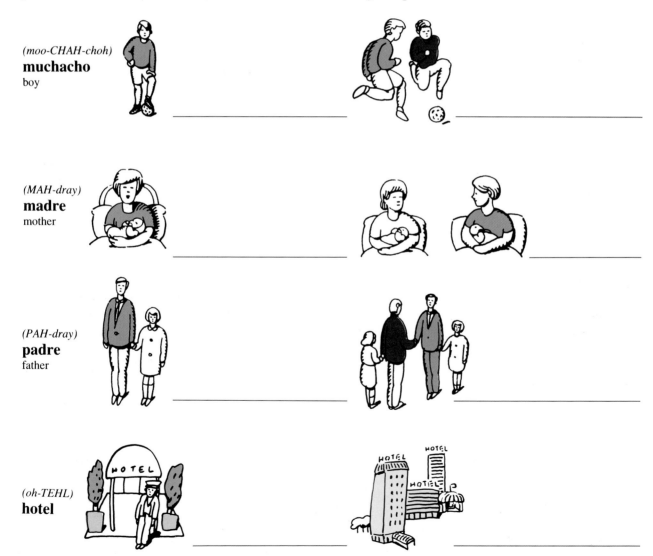

(moo-CHAH-choh)
muchacho
boy

_____　　_____

(MAH-dray)
madre
mother

_____　　_____

(PAH-dray)
padre
father

_____　　_____

(oh-TEHL)
hotel

_____　　_____

(flohr)
flor
flower

_____ _____

(KAH-sah)
casa
house

_____ _____

(pyay)
pie
foot

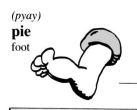 

_____ _____

In Spanish all names of things and persons fall in two groups: masculine and feminine. Words that end in *o* are usually masculine, and those that end in *a* are usually feminine. Examples: **muchacho** and **vuelo** are masculine, but **muchacha** and **casa** are feminine. With people we can usually tell whether the name is masculine or feminine (**padre, madre**). But with objects we always have to learn whether the names are masculine or feminine: **flor** (feminine), **hotel** (masculine).

(oon)   (ee) (OO-nah)
Un y una
"A" and "An"

If a word is masculine, we use **un** in front of it to mean *a* or *an*. When the name is feminine, we place **una** before it to mean the same thing. Examples: **un pie, un hotel; una madre, una maleta.** Try doing the same with these words:

1. _____ **esposa**   2. _____ **madre**   3. _____ **padre**

4. _____ **señora**   5. _____ **vuelo**   6. _____ **hotel**

7. _____ **esposo**   8. _____ **flor**   9. _____ **maleta**

10. _____ **número**   11. _____ **casa**   12. _____ **empleado**

Now try answering these simple questions. Remember to use *un* and *una* correctly. Follow our example:

(kyehn) *(ehs)*
¿Quién es?
Who   is it

(kay)
¿Qué es?
What   is it

1. Es un muchacho.
   It is

2. _____

3. _____

4. _____

5. _____

VAMOS A HABLAR DE LOS PARIENTES

(BAH-mohs) *(ah)* *(ah-BLAHR)* *(day)* *(lohs)* *(pah-ree-EHN-tehs)*

Let's talk about relatives

Here is Miguel's family tree. Fill in the blanks to practice the words which tell the different family relationships.

(mah-REE-ah)
María
(ah-BWAY-lah)
la abuela
grandmother

(hoh-SAY)
José
(ah-BWAY-loh)
el abuelo
grandfather

(mah-NWEHL)
Manuel
(TEE-oh)
el tío
uncle

(teh-RAY-sah)
Teresa
(TEE-ah)
la tía
aunt

(PAH-bloh)
Pablo
(PAH-dray)
el padre
father

(AH-nah)
Ana
(MAH-dray)
la madre
mother

(ehs-POH-soh)
el esposo
husband

(ehs-POH-sah)
la esposa
wife

(ehs-POH-soh)
el esposo
husband

(ehs-POH-sah)
la esposa
wife

(hwahn)
Juan
(PREE-moh)
el primo
cousin

(MAHR-tah)
Marta
(PREE-mah)
la prima
cousin

(PAY-droh)
Pedro
(EE-hoh)
el hijo
son

(soo-SAH-nah)
Susana
(EE-hah)
la hija
daughter

(mee-GHEL)
Miguel

(ehr-MAH-noh)
el hermano
brother

(ehr-MAH-nah)
la hermana
sister

What is the relationship of the first person to the second in the pairs listed here?

1. José *es el padre de* Manuel.

2. Teresa es _____ _____ de Manuel.

3. Pablo es _____ _____ de María.

4. Susana es _____ _____ de Pedro.

ANSWERS

Fill in: 2. la esposa 3. el hijo 4. la hermana

13

5. Ana es _____ _____ de Marta.   7. Pablo es _____ _____ de Pedro.

6. Teresa es _____ _____ de Marta.   8. Teresa es _____ _____ de José.

Can you understand this little story?

(YAY-gah) (kohn) (soo) (fah-MEE-lyah) (ah)
Mark llega con su familia a España en el vuelo de Nueva
arrives   with   his family   in   on   from

(BOOS-kah)   *(DEE-say)*
York. Busca sus maletas. El empleado dice, «Buenos días, señor. Sus maletas llegan
He looks for   says

                                              (seen)
mañana». «Dios mío» dice Mark «en España y sin maletas». Mark vive en los Estados
                                         without   lives

                   (too-REES-tah)
Unidos. Se llama Mark Smith. Es turista. La profesora Brown llega y dice «Mark,
                   tourist

(pah-SYEHN-syah)   *(OH-troh)*
¿cómo está? Paciencia. Mañana es otro día».
Have patience   another day

Mark llega con su familia

Circle the right phrase to complete the sentence.

        Nueva York.   **busca**
1. **Mark llega a España.**   2. **Mark vive sus maletas.**
        los Estados Unidos.   **dice**

        busca   **hija**
3. **La señora Brown dice «Paciencia».**   4. **La señora Brown es una madre de Mark.**
        llega   **profesora**

Can you make these words plural?

1. hijo _____ 2. hotel _____

3. día _____ 4. flor _____

5. padre _____ 6. pie _____

How would you say *a* or *an* in front of these words?

1. _____ profesora 2. _____ señora

3. _____ aeropuerto 4. _____ empleado

5. _____ hotel 6. _____ flor

Now study and say aloud these parts of Miguel's house.

| **Una Casa** |
| A   House |

(neh-BEH-rah)
la nevera
refrigerator

(een-oh-DOH-roh)
el inodoro
toilet

(ehs-TOO-fah)
la estufa
stove

(ehs-KAH-LEH-rah)
la escalera
stairway

(lah-BAH-boh)
el lavabo
sink

(bah-NYEH-rah)
la bañera
bathtub

(koh-SEE-nah)
la cocina
kitchen

(KWAHR-toh) (BAH-nyoh)
el cuarto de baño
bathroom

(soh-FAH)
el sofá
sofa

(ahr-MAH-ryoh)
el armario
closet

(SAH-lah)
la sala
living room

(KAH-mah)
la cama
bed

(SEE-yah)
la silla
chair

(ahl-KOH-bah)
la alcoba
bedroom

(hahr-DEEN)
el jardín
garden

(behn-TAH-nah)
la ventana
window

(ehs-kree-TOH-ryoh)
el escritorio
desk

(PWEHR-tah)
la puerta
door

(pah-SEE-yoh)
el pasillo
hallway

15

ARRIVAL
(yay-GAH-dah)
La llegada

2	*(ehn-kohn-TRAHR)* *(oh-TEHL)* **Al encontrar un hotel** On finding a hotel	

You may have noticed that in front of some names of persons and things we have placed the words **el** or **la.** This is how we say *the* in Spanish. **El,** like **un,** is used in front of masculine nouns which are singular. Examples: **el hijo, el hotel.** Feminine words use **la: la esposa, la flor.** If the masculine words are plural, we use the plural of **el,** which is **los.** Examples: **los primos, los**
(seh-NYOH-rays)
señores. Las appears in front of feminine plural words. Examples: **las hijas; las flores.**
gentlemen

According to the rules we've just learned, place the correct word for *the* before the following nouns:

1. _____ vuelo   2. _____ madre   3. _____ tíos

4. _____ hermana 5. _____ muchachas 6. _____ primos

Can you make the following phrases singular?

1. los hermanos _____   2. las tías _____

3. las profesoras _____   4. los padres _____

5. las maletas _____   6. las flores _____

From now on it will help you if you always learn the new words with *el* or *la* in front of them. That way you will remember better if they are masculine or feminine. This is especially useful for words like *flor* and *hotel*, which do not end in *o* or *a* and therefore give you no clue as to whether they are masculine or feminine. Another helpful hint to recall is that words which end in *ión* are usually feminine.

Fill in the blanks with the new words.

(ehl) (TAHK-see)
el taxi

(pah-GAHR)
pagar
to pay

(bah-HAHR)
bajar
to get out of

_____ _____ _____

You'll probably book your hotel from home—at least for the first night—but whether you've a reservation or not, you'll want to know some basic words that describe the services and facilities you expect to find at your hotel. Learn the terms below the pictures and note how they're used in the dialogue.

(yay-GAH-dah)

LA LLEGADA
arrival

Write the new words in the space provided.

(ehn-TRAHR)
entrar
to enter

(WEHS-pehd) *(ahl)* *(PAH-gah)*
El huésped llega en taxi al hotel. Paga y
guest   to the   He pays

(BAH-hah) *(EHN-trah)*
baja del taxi. Entra en el hotel. En la
gets out of   He enters   At

(yay-GAHR)
llegar
to arrive

(rray-sehp-SYOHN) *(AH-blah)* *(kohn)*
recepción   habla   con el empleado.
desk   he speaks with

(ah-BLAHR)
hablar
to speak, to talk

(lah) (rray-sehp-SYOHN)
la recepción
the check-in desk

EL EMPLEADO **Buenos días, señor.** *(day-SAY-ah)* **¿Desea un cuarto?**
Do you want a room

EL HUÉSPED **Sí, por favor, un cuarto** *(sehn-SEE-yoh)* *(BAH-nyoh)* **sencillo con baño.**
a single room with bath

(een-teh-RYOHR) *(KAH-mah)*
Un cuarto interior con cama matrimonial.

(lah) (KAH-mah) (mah-tree-moh-NYAHL)
la cama matrimonial
the double bed

EL EMPLEADO *(PAH-rah) (KWAN-tahs) (NOH-chays)*
¿Para cuántas noches?
For   how many   nights

EL HUÉSPED *(PAH-soh) (SOH-loh)* *(kah-pee-TAHL)*
Para una. Paso   sólo un día en la capital
one   I am spending only   day

EL EMPLEADO *(KWAN-toh) (TYEHM-poh)* *(MEH-hee-koh)*
¿Cuánto tiempo pasa en México?
How much time   are you spending

(lah) (rray-KAH-mah-rah)
la recámara
the room (in Mexico)

EL HUÉSPED *(say-MAH-nah) (Pohr)* *(nay-GOH-syohs)*
Sólo una semana. Por   negocios.
week   Because of business

EL EMPLEADO *(kohm-PRAHR) (AHL-goh)* *(rray-LOH)* *(TYEH-nay)*
¿Sí? ¿Desea comprar algo? ¿Un reloj? Mi hermano tiene una
to buy   something   watch   has

(TYEHN-dah) (SEHN-troh) (syoo-DAHD)
tienda en el centro de la ciudad.
store

17

Try reading the conversation aloud several times until it moves smoothly for you. Then, go back over it and see how many words you can find which express actions or desires. Underline or circle them, please. If you look at these, you will see that some end in **a,** some in **o,** and one ends in **r.**

Words which end in **r** are verbs and mean *"to do something."*

(kohm-PRAHR)

Examples: **comprar** (*to* buy), **llegar** (*to* arrive), **pagar** (*to* pay), etc.

Most verbs with an **ar** for the infinitive follow a simple pattern which allows you to express ideas about yourself or another person. By substituting an *o* for the *ar*, you can talk about yourself.

(AH-bloh)   *(KOHM-proh)*   *(day-SAY-oh)*

Examples: **Hablo** (*I* speak), **Compro** (*I* buy), **Deseo** (*I* want), etc.

Also, by substituting an **a** for the **ar,** you can talk about another person.

(PAH-gah)   *(YAY-gah)*   *(EHN-trah)*

Examples: **Paga** (*You* pay), **Llega** (*You* arrive), **Entra** (*You* enter).

Couldn't be simpler. Notice that the *o* and the *a* tell us who does the action. (There is one catch, however. The **a** ending may also mean *he* or *she*. In other words **paga** can mean: you pay, he pays, she pays. We'll see later how we can avoid any confusion.)

In the first column below is a list of infinitives (*ar* ending). Try changing them to the *I* form, then to the *you* form by following our example. When you say them aloud be sure to stress the second to last vowel.

	Deseo	Desea
Desear to want		
Comprar	_____	_____
Pagar	_____	_____
(pah-SAHR) **Pasar** to spend	_____	_____
Bajar	_____	_____
Llegar	_____	_____
Hablar	_____	_____

That first night in a foreign city can be hectic, so here are some handy phrases to help you along in the hotel. Practice writing them and saying them aloud.

Por favor, un cuarto sencillo.

Por favor, un cuarto sencillo.

(dohs)
Por favor, un cuarto para dos.
two

Deseo un cuarto con baño.

Un cuarto con cama sencilla, por favor.
single bed

¿Cuánto es?
How much is it?

(ah-OH-rah)
¿Pago ahora?
now

(een-teh-RYOHR) *(es-teh-RYOHR)*
Deseo un cuarto interior   (exterior).
inside   outside

(ahy)
Hay* = There is, There are . . .
¿Hay? = Is there, Are there?

EXAMPLES: ¿Hay cuartos interiores?
Sí, señor, hay cuartos interiores y exteriores.

*Sounds like the English word *eye*.

19

(see) (KYEH-ray) (pay-DEER) (AHL-goh)

Si quiere pedir algo
If You Want to Ask for Something

You'll be asking questions every day of your trip—of hotel clerks, waiters and taxi drivers. When asking questions which can be answered with *yes* or *no*, we usually raise the voice gradually and progressively from the beginning of the question all the way to its end. Can you do it with the following questions?

¿Hay cuartos interiores?

¿Desea comprar un reloj?

¿Hay una cama sencilla en el cuarto?

(pehr-SOH-nahs)
¿Hay personas en la recámara?
persons, people

Write out the new words and say them aloud.

(ehl) (boh-TOH-nays)
el botones
  bellhop

_____

(behs-TEE-boo-loh)
el vestíbulo
  lobby

_____

(YAH-bay)
la llave
  key

_____

(yay-BAHR)
llevar
to carry

_____

(ah-sehn-SOHR)
el ascensor
  elevator

_____

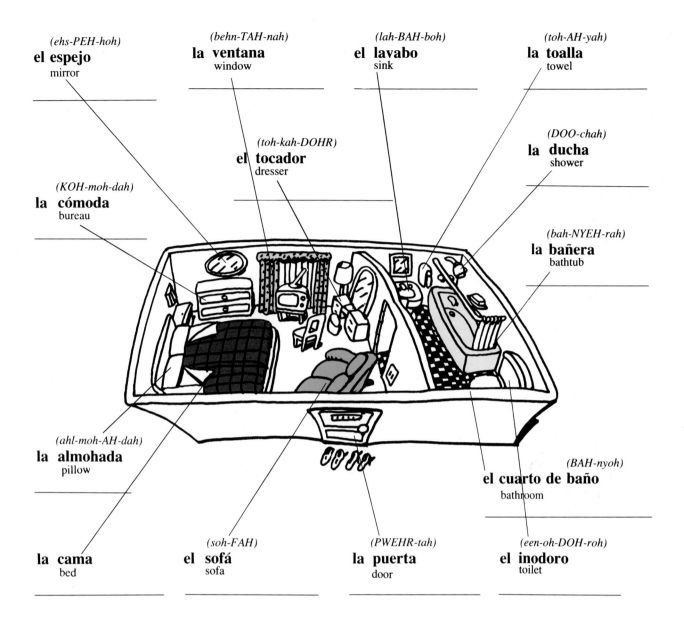

el espejo *(ehs-PEH-hoh)*
mirror

la ventana *(behn-TAH-nah)*
window

el lavabo *(lah-BAH-boh)*
sink

la toalla *(toh-AH-yah)*
towel

el tocador *(toh-kah-DOHR)*
dresser

la ducha *(DOO-chah)*
shower

la cómoda *(KOH-moh-dah)*
bureau

la bañera *(bah-NYEH-rah)*
bathtub

la almohada *(ahl-moh-AH-dah)*
pillow

el cuarto de baño *(BAH-nyoh)*
bathroom

la cama
bed

el sofá *(soh-FAH)*
sofa

la puerta *(PWEHR-tah)*
door

el inodoro *(een-oh-DOH-roh)*
toilet

Can you ask some questions about the hotel room? Start out with *Hay*. Follow our lead and be sure whether you should say *un* or *una*.

(Cama) _¿Hay una cama en el cuarto?_ _____

(tocador) ¿_____ ?

(armario) ¿_____ ?

(ventana) ¿_____ ?

(sofá)¿_____ ?

21

If you want to take a shower, you'd better be sure you ask the following when you check in:

(AH-gwah) (kah-LYEHN-tay)

¿Hay agua caliente en el baño? Practice it or you may have a shock when you shower!
water hot

We've already seen a number of question words. Do you remember some of them? *(¿Qué?, ¿Quién?, ¿Dónde?, ¿Cómo?, ¿Cuánto?) Cuánto* (how much, how many) has four forms, depending on whether the word following it is masculine or feminine, singular or plural.

Examples:

¿Cuánto tiempo?, ¿Cuántos cuartos?

(SOH-pah)

¿Cuánta sopa?, ¿Cuántas noches?
soup

If there is no noun after it, just use ¿Cuánto?

EXAMPLE: *¿Cuánto es?*
how much is it?

SUMMARY
¿Cuánto es?
SINGULAR   **¿Cuánto** + (masculine word)? **¿Cuánta** + (feminine word)?
PLURAL   **¿Cuántos** + (masculine word)? **¿Cuántas** + (feminine word)?

In the following questions, can you write in the correct form of *Cuánto*?

1. ¿_____ camas hay en el cuarto?   3. ¿_____ cuartos hay en la casa?

2. ¿_____ tiempo pasa en México?   4. ¿_____ puertas hay en la recámara?

Here are two more words for increasing your question-asking power.

(KWAHN-doh)   *(pohr) (KAY)*
¿Cuándo?   **¿Por qué?**
when?   why?

EXAMPLES: *¿Cuándo llega el taxi?; ¿Por qué no hay agua caliente?*

ANSWERS
Cuánto? 1. Cuántas 2. Cuánto 3. Cuántos 4. Cuántas

22

Let's see if you remember some of the things we have done so far. Ask yourself the question on the left, look at the picture, then write your answer to the right:

¿Qué es?   **Es un lavabo.**

1. _____

3. _____

2. _____

5. _____

4. _____

7. _____

6. _____

Now try the same with this question.

¿Quién es?      **Es el huésped.**

1. _____

2. _____

23

Draw a line from the question in Column 1 to the appropriate answer in Column 2.

1. ¿Qué es?
2. ¿Cuántas noches pasa en Mexico?
3. ¿Dónde vive?
4. ¿Cuántos tocadores hay en la recámara?
5. ¿Cuándo llegan las maletas?
6. ¿Quién lleva las maletas?
7. ¿Cómo se llama? *(GRAHN day)*
8. ¿Por qué desea un cuarto grande?
large

A. **Roberto.**
B. **Mi familia llega.**
C. **Vivo en México.**
D. **Hay uno.**
E. **Es una ducha.**
F. **Mañana.**
G. **El botones**
H. **Una.**

Can you read this story aloud and understand what it means? Notice that here the *a* of the verbs means *he, she, it* does something. If you read it more than once, it will get easier.

Cuando el taxi llega al hotel, el huésped

paga y baja. Entra en el hotel por la
through
puerta. En la recepción habla con

el empleado. Dice que desea un cuarto sencillo interior, con cama sencilla.
that

(lay) *(dah)*   *(TOH-mah)*   *(soo)*
El empleado le   da la llave y el huésped toma el ascensor. Cuando llega a su
to him gives   takes   his

(PEE-soh)   *(see-YOHN)*
piso, entra en su cuarto. En el cuarto hay una cama, un tocador y un sillón.
floor   armchair
                                                                 (PEH-roh)
En el cuarto de baño hay un inodoro, una bañera, un espejo y una ducha. Pero no
                                                                        But
hay agua caliente.

Answer **Cierto** *(SYEHR-toh)*   o   **Falso** *(FAHL-soh)*

True   or   False

1. El huésped llega a la casa. _____

2. Habla con el empleado. _____

3. El huésped desea un cuarto exterior. _____

4. El huésped toma *(ah)* el ascensor a su piso. _____
   to

5. Hay agua caliente en el cuarto. _____

Try changing the verbs in these sentences to refer to yourself. Remember how?

EXAMPLE: **Entra en el hotel.**
         Entro en el hotel.

1. Pasa una noche en el cuarto. _____

2. Toma el ascensor. _____

3. Baja del taxi. _____

4. Lleva las maletas. _____

5. Habla con el botones. _____

In major cities, in addition to hotels, tourists may also lodge in a **pensión** *(pehn-SYOHN)* or **hostal.** *(ohs-TAHL)*
When you're on the road, especially in the countryside, try an overnight stay in a
Parador *(pah-rah-DOHR)*   **Nacional,** *(nah-syoh-NAHL)* one of Spain's national inns, which are often old castles or
palaces that have been modernized and offer luxury accommodations. Through
turismo *(too-REES-moh)*   **rural,** *(rroo-RAHL)* a bed and breakfast arrangement, Spanish families offer rooms.
Their cost is reasonable and the food is excellent. An **Oficina de Turismo** *(oh-fee-SEE-nah)* will have
area listings.

SEEING THE SIGHTS

(BAH-mohs) *(bee-see-TAHR)* *(POON-tohs)* *(een-teh-REHS)*
Vamos a visitar los puntos de interés

	(pohr) *(syoo-DAHD)* *(pyay)*
3	**Por la ciudad a pie**
	Finding your way on foot

"How do I get to . . . ?" "Where is the nearest subway?" "Is the museum straight ahead?" You'll be asking directions and getting answers wherever you travel. Get to know the words and phrases that will make getting around easier. Write in the new words and say them aloud several

(poh-lee-SEE-ah)

times. Notice **policía** is masculine even though it ends in **a,** so we use **el** and **un** with it, unless, of course, it happens to be a policewomen.

(KAH-yay)
EN LA CALLE
street

(deh-RAY-choh)
derecho
straight

Ann and John, two American tourists, have just left their hotel for their first morning of sightseeing.

Although they have a map of the city

(PLAH-noh) *(syoo-DAHD)*
(plano de la ciudad), they decide to ask the policeman on the corner for directions.

(mahn-SAH-nah)
la manzana
city block

(ees-KYEHR-dah)
a la izquierda
to the left

JOHN (to policeman)

(DOHN-day) *(ehs-TAH)*
Por favor, ¿Dónde está
where is

(Moo-SAY-oh) *(AHR-tay)*
el Museo de Arte?
museum of art

(koh-RRAY-oh)
el correo
post office

(deh-RAY-chah)
a la derecha
to the right

EL POLICÍA
(SEE-gah) *(pohr)(EHS-tah)*
Siga derecho por esta calle
follow along this

(boh-kah-KAH-yay)
la bocacalle
intersection

(AHS-tah)   *(LWAY-goh)* *(DOH-blay)*

hasta el semáforo. Luego, doble a la
until   Then   turn

izquierda y siga hasta el correo. En la
          continue

(dehl)

esquina del correo, doble a la izquierda y
     of the

(mahs)

siga dos manzanas más. Luego, doble a la
          more

(KWAH-troh)

izquierda y siga cuatro manzanas más.
          four

(OH-trah) *(behs)*

Luego, doble a la izquierda otra vez y siga
                 again

(soo)

una manzana más. El Museo está a su
                your

izquierda.

John and Ann set out on foot carefully following the directions. After half an hour Ann exclaims:

(PEH-roh)   *(EHS-tay)*

Pero, John, ¡éste es el hotel!
But   this

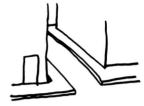
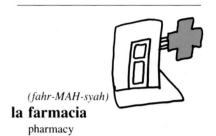

(ehs-KEE-nah)
la esquina
corner

(fahr-MAH-syah)
la farmacia
pharmacy

(say-MAH-foh-roh)
el semáforo
traffic signal

¿DÓNDE ESTÁN LAS PERSONAS Y LAS COSAS?

Fill in the new words and say them aloud.

(GAH-toh)
el gato

_____

(MAY-sah)
la mesa
table

_____

en
on

_____

(SEHR-kah)
cerca de
near

_____

(LAY-hohs)
lejos de
far from

_____

(day-LAHN-tay)
delante de
in front of

_____

(day-TRAHS)
detrás de
behind

_____

(HOON-toh)
junto a
next to

_____

To say where persons or things are, we use the expressions pictured above and begin with **Está** [He, she, it, you (singular) is or are]. Therefore, to describe the physical relationships between the cat and the table in the pictures, we would say:

El gato está en la mesa.

El gato está cerca de la mesa.

El gato está lejos de la mesa.

Etc.

Fill in the blanks below and say the new words aloud.

(KAH-sah)
la casa

_____

(moo-CHAH-choh)
el muchacho

_____

Can you tell in Spanish where the boy is in the diagrams below. Write your answers in the spaces.

1. _____

2. _____

3. _____

4. _____

5. _____

6. _____

Now try saying complete sentences to describe the same pictures. Follow the same patterns we used earlier to describe the cat's position.

ANSWERS

Where is the boy? 1. **detrás de** 2. **delante de** 3. **en** 4. **lejos de** 5. **cerca de** 6. **junto a**

Remember the verbs we learned earlier? We said that, when they end in **ar**, we can say that *I* do something by substituting **o** for the **ar**. To say that *he, she, you, it* do something, we substitute **a** for **ar**. If we want to say that *we* do something, we substitute **amos** for the **ar**. Examples: comprar,
(kohm-PRAH-mohs)   *(yay-GAH-mohs)*
compr*amos*; llegar, lleg*amos*. Also to show that *they* or *you* (plural) do something, we substitute
                              (day-SAY-ahn)   *(AH-blahn)*
an. Examples: desear, dese*an*; hablar, habl*an*. Suppose we give you the infinitive (to do) form of the verb. Can you fill in the blanks below with the forms indicated above each column?

	I	**He, She, It, You (Singular)**	**We**	**They, You (Plural)**
pasar	_____	_____	_____	_____
pagar	_____	_____	_____	_____
llegar	_____	_____	_____	_____
desear	_____	_____	_____	_____

Here are some pictures of other verbs. Fill in the blanks with the correct verb and say the expressions aloud. Be sure, in speaking, to place the stress on the second-to-last vowel.

(ahn-DAHR)
andar por la calle
to walk

1. (They) _____

(mee-RAHR) (KWAH-droh)
mirar el cuadro
to look at

2. (We) _____

(toh-MAHR)
tomar una
(bay-BEE-dah)
bebida
beverage

3. (They) _____

(kah-mee-NAHR)
caminar por la calle
To walk

4. (She) _____

29

(foo-MAHR) (see-gah-RREE-yoh)
fumar un cigarrillo

5. (They) _____

(yah-MAHR)
llamar   a la puerta
            at

6. (He) _____

To describe the action of the first picture we might say the following: **Las muchachas and**an **por la calle.** Or, **Las muchachas camin**an **por la calle.** Try repeating the sentences you have written above several times while picturing the action in your mind. That way you don't have to think in English.

The diagram of **mirar** below shows you what you have learned so far about **ar** action words, but there is one thing extra added, a form which ends in **as.** Like the **a** form, it also means *you* (singular) but is *only* used to talk to *very close* friends or small children. It is also used among students whether they know each other or not. The average tourist should not use it as it can be easily misinterpreted as being impolite or "talking down" to a person. We include it so you can recognize it if you hear it.

MIRAR = TO LOOK AT

SINGULAR		PLURAL	
(I)	*(MEE-roh)* **miro**	(we)	*(mee-RAH-mohs)* **miramos**
(you) (familiar)	*(MEE-rahs)* **miras**		
(you) (polite) (he) (she)	*(MEE-rah)* **mira**	(you) (polite) (they)	*(MEE-rahn)* **miran**

Try writing these same forms for **llevar.** Then on a sheet of scratch paper do the same with **comprar, tomar, pagar.** Remember to say them aloud and try to picture in your mind the action they show and who is doing it.

LLEVAR = TO TAKE

SINGULAR		PLURAL	
I _____		**we** _____	
you **(familiar)** _____			
you (polite) **he** **she** } _____		**you** (polite) **they** } _____	

Pronombres Sujetos

(proh-NOHM-brays) *(soo-HAY-tohs)*

Subject Pronouns

(yoh)

1. **yo**

(ehl)

2. **Juan =** *él*

(mah-REE-ah) (AY-yah)

3. **María =** *ella.*

(oos-TEHD)

4. **¿Cómo se llama** *usted?*

(hoh-SAY) *(noh-SOH-trohs)*

5. **José.** **José y yo =** *nosotros.*

(AH-nah) *(noh-SOH-trahs)*

6. **Ana.** **Ana y yo =** *nosotras.*

(PAH-koh) (PAY-droh) (AY-yohs)

7. **Paco y Pedro =** *ellos.*

(SEEL-byah) *(pee-LAHR)* *(AY-yahs)*

8. **Silvia y Pilar =** *ellas.*

(oos-TAY-dehs)

9. **¿Cómo se llaman ustedes?**

Repeat these easy sentences and substitute the various pronouns listed in parentheses. Remember that you will also have to change the form of the verb. Example: **Yo miro el cuadro.** *Nosotros* **mir***amos* **el cuadro.**

Yo compro cigarrillos. (Usted, Ellos, Nosotros, Ella) **Ella camina por la calle.** (Nosotros, Ustedes, Yo, El) **Nosotros llamamos a la puerta.** (Yo, Ella, Ellos, Usted)

Cómo Indicar las Cosas en Español

(een-dee-KAHR) *(ehs-pah-NYOHL)*

How to Point Out Things in Spanish

Words like "this" and "that" are important to know. The Spanish forms of these words vary according to whether the item is masculine or feminine and whether you are pointing at one item or more than one.

THIS and THESE			
this book	*(EHS-tay)* **este** libro	*these* books	*(EHS-tohs)* **estos** libros
this house	*(EHS-tah)* **esta** casa	*these* houses	*(EHS-tahs)* **estas** casas

31

Get it? There are two words for *this* (este, esta) and two words for *these* (estos, estas) depending on whether the nouns are masculine or feminine.

THAT and THOSE			
that book	*(AY-say)* **ese** libro	*those* books	*(AY-sohs)* **esos** libros
that house	*(AY-sah)* **esa** casa	*those* houses	*(AY-sahs)* **esas** casas

Simple? Again we have four possibilities (**ese, esa, esos, esas**). The story should end here, but it doesn't. In Spanish there are *four more* ways of saying *that* and *those*!

Ese, esa, esos, esas refer to things or persons near the person you are speaking to. If you are referring to things or persons far away from both the speaker and the person spoken to, you must use another set of words.

THAT and THOSE . . . at a distance

that book	(far away)	*(ah-KEHL)* **aquel** libro	*those* books	(far away)	*(ah-KAY-yohs)* **aquellos** libros
that house	(far away)	*(ah-KAY-yah)* **aquella** casa	*those* houses	(far away)	*(ah-KAY-yahs)* **aquellas** casas

After you are familiar with these forms, try writing the correct ones in front of each word listed below. You will always need to remember that they should be the same form as the word they come in front of: masculine, feminine, singular, plural.

First try it with forms of **este**: this cat, etc.

1. _____ gato   3. _____ casa   5. _____ hotel   7. _____ señora

2. _____ llaves   4. _____ muchacho   6. _____ bebida   8. _____ espejos

(fahn-TAHS-tee-koh)
¡Fantástico! Now let's try it with the various forms of **ese** (that—near person spoken to):

1. _____ hermana   3. _____ café   5. _____ tío   7. _____ camas

2. _____ cuartos   4. _____ abuelo   6. _____ primas   8. _____ hija

Now do the same with **aquel** (that—far from speaker and person spoken to):

1. _____ bocacalle   3. _____ museo   5. _____ mesas   7. _____ gatos

2. _____ llaves   4. _____ señor   6. _____ empleados   8. _____ puerta

ANSWERS

Forms of este. 1. este 2. estas 3. esta 4. este 5. este 6. esta 7. esta 8. estos
Forms of ese. 1. esa 2. esos 3. ese 4. ese 5. ese 6. esas 7. esas 8. esa
Forms of aquel. 1. aquella 2. aquellas 3. aquel 4. aquel 5. aquellas 6. aquellos 7. aquellos 8. aquella

32

Palabras Útiles

(pah-LAH-brahs)   *(OO-tee-lays)*

Useful Words

(SEE-nay)
El cine
movie theater

(mehr-KAH-doh)
El mercado
market

(BAHN-koh)
El banco

(ee-GLAY-syah)
La iglesia
church

(ah-SEH-rah)
La acera
sidewalk

(TYEHN-dah)
La tienda
store

(kohm-PRAHR)
comprar
to buy

(KYOHS-koh)
El quiosco
newsstand

Have you learned the new words pictured above? If so, you can easily understand this little story.

(noh)

You will notice that to make a sentence negative we simply place the word **no** in front of the verb.

(gohn-SAH-lays)   *(peh-RYOH-dee-koh)*

La familia González camina por la acera. El padre desea comprar un periódico en este
newspaper

(HOON-toh)

quiosco y la madre mira aquellas tiendas. Los hijos de esta familia andan junto a
next to

la madre. En la calle hay un cine y un banco. La hija, Teresa, y el hijo, Julio, compran
fruta en este mercado. El padre fuma un cigarrillo pero la madre y los hijos no fuman.
fruit   but   children

(KAHM-poh)

La casa de la familia no está cerca. Está lejos en el campo cerca de una iglesia.
countryside

Let's try some more *True* and *False* questions. Remember? *Cierto, Falso*:

1. **La familia camina por el campo.** _____

2. **El padre compra un periódico en el quiosco.** _____

3. **La madre mira un cuadro.** _____

ANSWERS

True/False 1. Falso **2.** Cierto **3.** Falso

(BAH-mohs)   *(ahl)*   *(kah-YAH-oh)*

MARY   **Vamos a tomar* el taxi al Cine Callao.**
Let's take   to the

(KWEHS-tah) (MOO-choh)

MARK   **No, cuesta mucho.**
it costs   a lot

(ehn-TOHN-says)   *(MAY-troh)*

MARY   **Entonces, vamos a tomar el metro.**
then   let's take the subway

(een-KOH-moh-doh)

MARK   **No, es incómodo.**
uncomfortable

(ow-toh-BOOS)

MARY   **Entonces, vamos a tomar el autobús.**
bus

(byehn)

MARK   **Bien, vamos.**
O.K.   Let's go.

---

*To say *"Let's do* something'' in Spanish, we begin the expression with **vamos a** and follow it with an infinitive. Examples: let's buy a newspaper, **vamos a comprar un periódico**; let's look at the picture, **vamos a mirar el cuadro**.

34

(They get on the bus.)

MARK   **Por favor, señor. ¿Cuánto cuesta un billete?**
(bee-YAY-tay)
How much does a ticket cost?

EL CONDUCTOR   **Veinticinco   céntimos.**
(kohn-dook-TOHR)   *(bain-tee-SEEN-koh)*   *(SEHN-tee mohs)*
Driver   Twenty-five   cents

MARK   **Bajamos en el Cine Callao en la Gran Vía.**
(Kah-YAH-oh)   *(grahn)* *(BEE-ah)*
Main street of Madrid

EL CONDUCTOR   **Muy bien.**
(mwee)
Very well

MARK   **¡Qué corteses,   son los españoles!**
(kohr-TAY-says) *(sohn)*   *(ehs-pah-NYOH-lehs)*
How courteous   are   Spaniards

Fill in the missing parts of the conversation after you have read it over several times.

Vamos a _____ el taxi al Cine Callao.

No, _____ mucho.

Entonces, vamos a tomar el _____ .

No, es _____ .

Entonces, vamos a tomar el _____ .

Bien, vamos .

Por favor, señor. ¿Cuánto cuesta un _____?

Veinticinco céntimos.

_____ en el Cine Callao en la Gran Vía.

_____ bien.

¡Qué corteses son los _____!

35

Verbos Adicionales

(BEHR-bohs) *(ah-dee-syoh-NAH-lays)*

Additional Verbs

(koh-MEHR)
comer
to eat

_____

(bay-BEHR)
beber
to drink

_____

(koh-RREHR)
correr
to run

_____

(BAH-rrah) *(choh-koh-LAH-tay)*
la barra de chocolate
chocolate bar

_____

(gah-say-OH-sah)
la gaseosa
soft drink

_____

(koh-HEHR)
coger
to catch

_____

Have you written in the new words? Then you must have noticed that the infinitives of the verbs depicted do not end in **ar**, but in **er**. With verbs like these, we drop the **er** and add **o** for the *I* form, just as we did with the **ar** words. Example: comer, com*o*. But for the *He, She, It, You* (singular, polite form), we add an **e** instead of an **a**. Example: comer, com*e*. To get the *We* form, we drop the **er** and add **emos.** Example: comer, com*emos*. Can you guess how we get the *they, you* (plural, polite) form? Right, we drop the **er** and add **en.** Here's how it looks with **beber.**

Following the pattern, try to do the same with **correr** also.

BEBER		CORRER	
(BAY-boh) **yo bebo**	*(bay-BAY-mohs)* **nosotros bebemos**	**yo c**_____	**nosotros c**_____
(BAY-bays) **(tú bebes)**		**(tú corres)**	
él	**ellos**	**él**	**ellos**
ella *(BAY-bay)*	**ellas** *(BAY-behn)*	**ella**	**ellas**
usted bebe	**ustedes beben**	**usted c**_____	**ustedes c**_____

(day-BEHR)

Deber means ought or should. Can you say the main forms of this verb following the same pattern? With words like **coger** which have a **g** before the **er,** we have to change the **g** to a **j,** but only with

(KOH-hoh) *(KOH-hays)* *(KOH-hay)* *(koh-HAY-mohs)* *(KOH-hehn)*

the *I* form: **cojo,   (coges), coge, cogemos,   cogen.**

ANSWERS

corro, corre, corremos, corren

36

See if you can draw a line from the subject to the right form of the verb.

1. **Yo**   cogen

2. **Él**   cogemos

3. **Nosotros**   cojo

4. **Ustedes**   coge

5. **Yo**   corre

6. **Ella**   corremos

7. **Nosotros**   corren

8. **Ellos**   corro

Can you read these easy sentences and understand *who* is doing what?

La muchacha come una barra de chocolate.

Yo corro por la calle.

El muchacho coge el autobús.

Mi hijo bebe una gaseosa.

Nosotros comemos en el hotel.

(kohn)

Usted no come con la familia.
with

(PAH-rah)

PARA HABLAR CON EL CONDUCTOR

How to tell the conductor . . . .

(sah-KAHR)

sacar un billete
to buy a ticket

(KOH-lah)

la cola
line (to get on the bus)

(pah-RAH-dah)

la parada
bus stop

NOTE: Depending on the country or even the city you're in, either tokens or tickets may be used on public transportation. In some places tokens are even necessary to use a pay telephone.

One of the first things you should do when you arrive in your new city is to buy a **plano de la ciudad** so you can find your way around. But where do you go to get one? Either to a

(lee-breh-REE-ah)

librería (bookstore) or a **quiosco,** where you will have to pay for it. But why not be thrifty *(oh-fee-SEE-nah)* *(nah-syo-NAHL)* *(too-REES-moh)*

and get one free at a National Tourist Office (Oficina Nacional de Turismo). If you are

(ehn-TRAH-dah)

adventuresome, you will want to try the **Metro.** At the entrance **(entrada)** you will usually find a large wall-size map which will show you the routes of the subway and the names of the stops. So you don't get stuck in the **Metro** for life, you had better learn this very important

(sah-LEE-dah)

word: **salida.** Here are some useful sentences you might need to use while traveling around
exit

your new city by bus.

(bee-YAY-tay)
el billete
ticket

(FEE-chah)
la ficha
token

Try writing them out and saying them aloud.

¿Dónde está la parada del autobús?

_____

(KWEHS-tah) *(pah-SAH-hay)*
¿Cuánto cuesta un pasaje?
   costs   ride

_____

(nay-say-SEE-toh)
¿Necesito una ficha?
Do I need

_____

¿Dónde saco el billete?
        compro

_____

(LAHR-gah)
La cola es muy larga.
        long

_____

(nay-say-SAH-ryoh) *(ehs-peh-RAHR)*
¿Es necesario esperar mucho?
 necessary   to wait

_____

(KWAHN-doh)   *(PROHK-see-moh)*
¿Cuándo llega el próximo autobús?
When   next

(ah-OH-rah)
¿Debo bajar ahora?
       now

Cómo Identificarse y a los Demás
(ee-dehn-tee-fee-KAHR-say)   *(day-MAHS)*
Identifying Yourself and Others

You certainly want people to know who or what you are. Don't we all? To identify ourselves,
(sehr)
other people, and things, we use the verb **ser** (to be). The diagram below shows the various
forms of this verb which you will want to know. You will see that these words do not follow
the pattern of the **er** verbs we have learned. In fact, they are very different. These are such
basic words that you will want to practice writing them in the spaces provided.

Remember to say them aloud until they are quite familiar to you. Write the forms in the
blanks provided.

SER			
	(soy)		*(SOH-mohs)*
yo	**soy**	**nosotros**	**somos**
	(EH-rays)		
(tú	**eres)**		
él		**ellos**	
ella	*(ehs)*	**ellas**	*(sohn)*
usted	**es**	**ustedes**	**son**

		s _____		
yo	s _____	**nosotros**	s _____	
tú	e _____			
él		**ellos**		
ella		**ellas**		
usted	e _____	**ustedes**	s _____	

Can you identify yourself by using *soy* plus the descriptive words to the right? In Spanish we
usually don't use *un* or *una* in these cases, as in English. Follow this model: **Soy americano.**
Of course, if you are a female, you will want to use **americana.** (Words of nationality are not
capitalized.) **Turista** ends in *a* for both males and females.

Soy	**+**	**turista**	**Soy**	**+**	*(OHM-bray)* **hombre** man, male

Soy   **+**   **turista**
            (ah-mehr-ree-KAH-noh)
            americano
            American

            (ehs-trahn-HEH-roh)
            extranjero
            foreigner
            extranjera

Soy   **+**   *(OHM-bray)*
            hombre
            man, male

            (moo-HEHR)
            mujer
            woman, female

            (ahr-TEES-tah)
            artista
            artist

(koh-LOHM-byah)

Just imagine that you and a friend are in Colombia. Try identifying yourselves (We are . . .) using the same identifications which appear in the preceding list. Remember you will start with **Somos,** and the identification words will be plural. If one of you is male and the other female, you should use the masculine plural of the identifying words (**Somos americanos,** etc.).
Next, try to do the same while talking about two other people, Mark and Mary, for example. Then you will have to use **son,** of course.

See if you can fill in the right forms of **ser** below.

El hombre _____ turista.

Las mujeres _____ americanas.

Nosotros _____ extranjeros.

El _____ americano.

Ellos _____ turistas.

(ehs-pah-NYOH-lah)
María, usted no _____ española.
Spanish

Verbos

To get around the city, you may have to tell people where you're headed, especially if

(eer)

you want to ask directions. To say this, you will need to know the verb *to go,* **ir.**
Here's what it looks like.

Write the forms out in the slots provided and say them aloud.

IR			
	(boy)	*(BAH-mohs)*	
yo	voy	nosotros	vamos
	(bahs)		
(tú	vas)		
él		ellos	
ella	*(bah)*	ellas	*(bahn)*
usted	va	ustedes	van

_____			
yo _____		nosotros _____	
tú _____			
él		ellos	
ella		ellas	
usted _____		ustedes _____	

All of the forms of **ir** are usually followed by **a** (to) when you are talking about a place: **Voy a**

(ahl)

la mesa. If **a** precedes *el,* and only that word, the two words contract to form **al:** a + el = al.
Examples: **Vamos al hotel; Vamos al cuarto.** Suppose someone asks you where you are going.
Could you answer?

40

Fill in the blanks with **al**, **a la**, depending on whether the words following are masculine or feminine.

1. Mark y Mary van _____ iglesia.

2. Yo voy _____ cine.

3. Vamos _____ hotel.

4. Va _____ cuarto de baño.

5. Voy _____ recepción.

6. Vamos _____ quiosco.

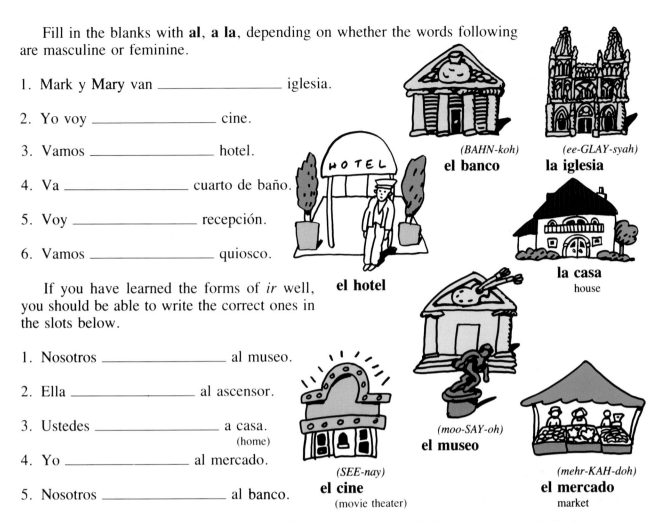

(BAHN-koh)
el banco

(ee-GLAY-syah)
la iglesia

el hotel

la casa
house

If you have learned the forms of *ir* well, you should be able to write the correct ones in the slots below.

1. Nosotros _____ al museo.

2. Ella _____ al ascensor.

3. Ustedes _____ a casa.
   (home)

4. Yo _____ al mercado.

5. Nosotros _____ al banco.

(moo-SAY-oh)
el museo

(SEE-nay)
el cine
(movie theater)

(mehr-KAH-doh)
el mercado
market

By now you should be well prepared to understand the following paragraph. Let's see.

(ehs-TAHN) (BEE-behn) (SOO-behn)
Can you guess what forms **están, viven, suben** are? As is often the case in Spanish, the pronoun (I, you, he, she, we, they) is not used. However, you should be able to figure out what person the verbs are referring to by seeing them in context.

Mark y Mary están en la ciudad de México. Son de los Estados Unidos y son
from

(POH-koh) *(dehl)*
extranjeros en México. Hablan poco español. Van a la parada del autobús y esperan
little Spanish of the

(SAH-kahn) (dohs) *(BAH-hahn)*
en la cola. Cuando llega el autobús, suben y sacan dos billetes. Bajan en la parada
get on two

41

(dehs-PWAYS)

delante del museo, entran y miran los cuadros. Después, van a la entrada del *Metro*,
afterwards

(sehn-TRAHL)

miran el plano de la ciudad y compran dos fichas para ir al mercado central. En el

mercado compran muchas frutas.

Circle the right words to complete the sentence.

soy
1. Mark y Mary es de los Estados Unidos.
son

mucho.
2. Hablan bien.
poco.

voy
3. Ellos van a la parada del autobús.
vamos

(ow-toh-BOOS)
Tomar el Autobús

la cola.
4. Esperan en el cuarto.
el banco.

lejos del
5. Bajan en la parada delante del museo.
detrás del

entrada
6. Van a la salida del Metro.
cola

billetes
7. Compran dos frutas en el Metro.
fichas

al mercado.
8. Van al cine.
al restaurante.

It should be easy to fill in the missing endings! Exercise includes both **er** and **ar** verbs.

1. El padre compr _____ una barra de chocolate.

2. Nosotros sac _____ dos billetes.

3. Ellos beb _____ dos gaseosas.

4. Nosotras deb _____ bajar en la próxima parada.

5. Usted corr _____ por la calle.

6. ¿Cuándo lleg _____ el próximo autobús?

7. Yo tom _____ el autobús en la parada.

8. Ustedes mir _____ los cuadros del museo.

Check your knowledge of public transportation with these questions.

1. What two types of things do you sometimes need to buy to use public transportation?

un _____ una _____

2. The entrance of the Metro is called the _____.

3. To get out of the Metro, you'd better look for the sign that says _____.

4. Where do you catch the bus? En la _____.

Can you decide what form of **ser** or **ir** you should use in these sentences? The sentences themselves should tell you which of the two you should use.

1. Ana y yo _____ turistas.   2. Nosotros _____ al cine.

3. Ella _____ americana.   4. Yo _____ extranjero.

5. Yo _____ al mercado.   6. Ustedes _____ hombres.

7. Nosotras _____ mujeres.

Imagine you're setting out to see the big city. Could you express the following ideas:
1. Where's the bus stop?   2. When does the next bus arrive?   3. Where's the exit (entrance)?
4. Is it necessary to buy a token?   5. How much is it?   6. Should I get out now?

¿QUÉ HORA ES?
What time is it?

Now we're ready to start telling time.

Tokio		*Nueva York*	*(pah-REES)*	*(mohs-COO)*
Tokyo	**Anchorage**	**New York**	*París*	*Moscú*
			Paris	**Moscow**

Son las nueve.   **Son las tres.**   **Son las ocho.**   **Es la una.**   **Son las tres.**

Have you figured out what pattern we use to tell time? Before *una* (always feminine singular for time) we say **Es la**. . . . In all other cases we start out with **Son las** plus the number.

(ee)

To add minutes up to the half-hour, simply use **y** "and." After the half hour, we start subtracting

(MAY-nohs)

minutes from the next hour, using the word **menos**. Examples: It's ten minutes 'til three, **Son**
minus
las tres menos diez; it's five minutes 'til three, **Son las tres menos cinco**.

(KOH-moh)   *(kohn-TAHR)*

Cómo Contar
How to Count in Spanish

    One of the most basic skills necessary to communicate in any language is the ability to count and use its number system. Spanish poses no problem.

    Here are the numbers from one to twenty. Read them aloud to familiarize yourself with them. Then try writing them.

1	**uno (a)**	*(OO-noh)* *(nah)*	_____	8	**ocho**	*(OH-choh)*	_____
2	**dos**	*(dohs)*	_____	9	**nueve**	*(NWAY-bay)*	_____
3	**tres**	*(trays)*	_____	10	**diez**	*(dyehs)*	_____
4	**cuatro**	*(KWAH-troh)*	_____	11	**once**	*(OHN-say)*	_____
5	**cinco**	*(SEEN-koh)*	_____	12	**doce**	*(DOH-say)*	_____
6	**seis**	*(says)*	_____	13	**trece**	*(TRAY-say)*	_____
7	**siete**	*(SYAY-tay)*	_____	14	**catorce**	*(kah-TOHR-say)*	_____

15 **quince** *(KEEN-say)* _____	18 **dieciocho** *(dyay-see-OH-choh)* _____
16 **dieciséis** *(dyay-see-SAYS)* _____	19 **diecinueve** *(dyay-see-NWAY-bay)* _____
17 **diecisiete** *(dyay-see-SYAY-tay)* _____	20 **veinte** *(BAYN-tay)* _____

Read the numbers over enough times to be able to say them with ease. Then see if you can count from 1 to 5 without looking at the book. Cheat if you have to! Do the same now from 5 to 10. Now comes the challenge. Can you do them all the way from 1 to 10? Try the same thing from 10 to 15, then from 15 to 20, then from 10 to 20. Wow! You're good! But let's see just how good. Can you do the whole bunch (1-20)? Try counting by fives to twenty. Can you do just the even numbers to twenty? How about the odd ones?

Write out these few numbers. Be sure to say them aloud. You know one of them already:

30
(TRAYN-tah)
treinta

_____

40
(kwah-REHN-tah)
cuarenta

_____

50
(seen-KWEHN-tah)
cincuenta

_____

Let's face it. Everything doesn't come in round numbers. Sooner or later you're going to have to recognize and say things like 21, 32, 43, etc. From twenty-one it is easy to form these numbers: we combine "veinte y uno"/dos/tres, etc. into veintiuno, *(bayn-tee-OO-noh)* veintidós, *(bayn-tee-DOHS)*
(bayn-tee-TRAYS)
veintitrés, etc. After *treinta, cuarenta,* etc. we simply add *y* plus the additional number. Examples: 32 = *treinta y dos*; 43 = *cuarenta y tres*; 54 = *cincuenta y cuatro,* etc. Can you try this with the twenties, thirties, forties, and fifties? You may want to write a few of them out too.

Now that you know how to count, let's get down to some serious time telling. Write the times in the spaces provided.

Son las seis y diez.

_____

Son las siete y veinte.

_____

Son las nueve <u>menos</u> veintiuno.

_____

Look below to see the ways we can say the half- and the quarter-hour.

Es la una y quince.

Son las dos y treinta.

Son las tres menos quince.

_____

(KWAHR-toh)
Es la una y cuarto.

(MAY-dyah)
Son las dos y media.

Son las cuatro menos cuarto.

_____

To say A.M., we add the following to the time: **de la mañana.** For afternoon hours, we
                                                          morning
(TAHR-day)   *(NOH-chay)*
add: **de la tarde.** To indicate late evening hours or night, we add **de la noche.**
    afternoon or early evening   night

EXAMPLES: **Son las siete de la mañana;**
Son las cinco de la tarde;
Son las once de la noche.

Fill in the blanks below the pictures and say the sentences aloud:

(DOH-say)
Son las doce del día.

Son las doce de la noche.

_____

(may-dyoh-DEE-ah)
Es (el) mediodía.

(may-dyah-NOH-chay)
Es la medianoche.

_____

NOTE: For official times on train, airplane, and bus schedules, many Spanish-speaking countries use a 24-hour system of counting. Once they get to 12:00, Noon, they continue with 13:00 (1:00 p.m.) up to 24:00 (12:00, Midnight). On this system 3:00 p.m. is 15:00, 6:00 p.m. is 18:00, 9:00 p.m. is 21:00. Also the minutes on this system are counted from 1 to 59. Example: 18:52 (las dieciocho y cincuenta y dos) is 6:52 p.m.

Try reading aloud some of the times of departure (la salida), and tell us your arrival time
(yay-GAH-dah)
(la llegada) at your destination. Note that the names of the different trains are in columns across the top of the schedule. The cities that are stops are listed on the left side of the table, starting with the beginning of the line and ending with the last stop. Departure times are listed under the trains and across from the cities. Trace across from your starting point and down from your train; where they intersect will give your time of arrival if there is a train between those points.

FOR EXAMPLE: ELT Salida (from Barcelona) 12:10 (Las doce y diez)
Llegada (at Bilbao) 21:54 (Las ventiuna y cincuenta y cuatro)

6   BARCELONA-NORTE DE ESPAÑA   6

(Tracción eléctrica Barcelona-Vigo. Diesel Monforte-La Coruña)

K	ESTACIONES	623 Ráp. 1-2 ✕	643 TER 1-2 ✕	451 TER 1-2 ✕	631 ELT 1-2 ✕	923 Exp. 1-2 L. ♀	931 Exp. 1-2 L. ✕	933 Exp. 1-2 L.
	BARCELONA (Tno)		8 30		12 10			
5	Paseo de Gracia				12 19			
8	Central	7 40			12 27	17 35	21 30	21 55
42	Sitges	»					»	32 42
67	S. Vicente	8 38				18 37	22 33	23 07
92	TARRAGONA	8 56			13 48		23 08	
110	Reus	9 11			13 59		23 24	
197	LERIDA		11 46		14 55	20 15		0 35
	Ll.	12 06	14 06	(1)	17 03	22 35	2 43	2 58
380	ZARAGOZA							
	S.	12 14	(1)	14 46	17 08	22 50	3 03	3 17
474	Castejón	13 05		15 55	18 07	0 01	4 34	4 30
551	LOGROÑO			17 —	18 53	2 27	5 34	
620	Miranda			18 13	20 13		7 12	
724	BILBAO Ll.			19 07	21 54		8 56	
561	PAMPLONA Ll.	14 —			17 18			5 35
613	Alsasua	14 55			17 59			6 22
698	S. SEBASTIAN Ll.				19 25			8 18
715	Irún Ll.				19 47			9 —
717	Hendaya Ll.				19 57			
620	Miranda S.	15 51			———	2 45		
709	BURGOS	16 49				3 57		
794	Venta de Baños Ll.	17 40				4 57		
	S.	17 55				5 15		
808	PALENCIA	18 05				5 35		
929	LEON	19 20				7 06		
1068	OVIEDO Ll.	21 45						
1100	GIJON Ll.	22 16						
981	Astorga	———				7 13		
1057	Ponferrada					8 58		
1167	Monforte					11 05		
1238	LUGO					12 24		
1213	ORENSE					12 27		
1345	VIGO Ll.					14 50		
1353	LA CORUÑA Ll.					14 10		

(1)   Tren 643, de Zaragoza sigue a Valladolid y Salamanca. Enlaza en Zaragoza con tren TER 451 procedente de Valencia para Bilbao. Entre Barcelona y Zaragoza va por via Manresa (it. 142).

Las distancias kilométricas están dadas desde Barcelona por la via que habitualmente recorren estos trenes directos.

Trenes 923 y 933 van directos de S. Vicente a Lérida por Roda si pasa por Tarragona-Reus.

(Courtesy of Horario Guía Internacional)   **Train Schedule**

Maybe you will want to go back over what we have learned about telling time. Once you feel you're ready, try doing this. Get your watch or an alarm clock. Set it for 7:00 A.M. Then, tell us what time it is. Be sure you add A.M.

Now, advance the minute hand by five-minute intervals and tell us each time how you would say the hour. Try doing this (always by five-minute intervals) all the way to 8:00 a.m. Be sure to subtract from 8:00 once you pass 7:30. Can you do the same thing with 1:00 p.m.? This time advance the minute hand by fifteen-minute intervals.

Try saying some of the times we have learned. It ought to be easy to write them out now.

1. 2:24 _____
2. 3:58 _____
3. 4:12 _____
4. 5:30 _____
5. 6:15 _____
6. 7:45 _____
7. 8:20 _____
8. 1:14 _____
9. 9:17 _____
10. 10:35 _____
11. 11:01 _____
12. 12:13 _____

What's the rude surprise that awaits Mark at the end of this conversation?

MARK   **Perdón, señor. ¿Qué hora es?**
(pehr-DOHN)
Excuse me   What time is it?

UN SEÑOR   **Es la medianoche.**

MARK   **¡Cómo!**
How can that be

UN SEÑOR   **Perdón. Es el mediodía**
(LOH-koh)

MARK   **¿Está loco?**
crazy

UN SEÑOR   **¡No, no tengo   reloj! ¿Es usted turista?**
(TEHN-goh)(rray-LOH)
I don't have   a watch

MARK   **Sí, soy de los Estados Unidos.**

UN SEÑOR   **¿Quiere comprar un reloj barato? Diez dólares americanos. Es muy barato.**
(KYEH-ray)   *(bah-RAH-toh)*   *(DOH-lah-rays)*   *(mWee)*
cheap   very

MARK   **Entonces, usted sí tiene reloj. Tiene muchos relojes.**
(TYEH-nay)   *(rray-LOH-hays)*
really do have   many

(kahr-teh-REES-tah)
el carterista
pickpocket

UN SEÑOR ¿Quiere comprar uno? No son caros.
(KAH-rohs)
expensive

MARK No, gracias. (He stops and takes a better look at all the pickpocket's watches.) Pero,
(OY-gah)   *(PEH-roh)*
but
oiga. (With a look of surprise) ¿No es éste mi reloj?
listen here   *(mee)*
                                         this one my

(rray-KWEHR-day)
Recuerde
Remember

The whirlwind tour of Mexico. Don't

blink or you may miss a whole city:

(ah-YEHR)   *(oy)*
Ayer, la Ciudad de México, hoy la ciudad
yesterday   today

(koh-loh-NYAHL) (TAHS-koh)   *(PWEHR-toh) (ah-kah-POOL-koh)*
colonial de   Taxco, mañana el puerto de Acapulco.
                                    port

What do we call the day after today? _____

Do you know the name for the day before today? _____

What's the day before tomorrow? _____

Verbos

Take a look at the conversation with the pickpocket again. Can you write in three

forms of new verbs which begin with these letters? T_____, T_____, Q_____.

(tay-NEHR)   *(keh-REHR)*
The infinitive for the first two is *tener* (to have). The infinitive of the third word is *querer* (to
want). Below you will see what they look like. Notice that, although they both are *er* verbs and
their endings are the same, the spelling of the first part of each is different from what we find
in the infinitive.

Try writing out the forms, and say them aloud.

ANSWERS
Verbs: tengo tiene quiere   Today/tomorrow/yesterday mañana ayer hoy

49

TENER = TO HAVE	QUERER = TO WANT
yo tengo *(tay-NAY-mohs)* nosotros tenemos *(TYEH-nays)* (tú tienes) él ellos ella *(TYEH-nay)* ellas *(TYEH-nehn)* usted tiene ustedes tienen	*(KYEH-roh)* *(keh-RAY-mohs)* yo quiero nosotros queremos *(KYEH-rays)* (tú quieres) él ellos ella *(KYEH-ray)* ellas *(KYEH-rehn)* usted quiere ustedes quieren

See how we've outlined some forms of **querer**? It looks like a shoe. This is an easy way to help you remember that the *first* e of **querer** changes to **ie** for all of the forms except the *We*. We will see other verbs like this later and will refer to them as "shoe types" so that you will recall easily where the letters change.

See if you can fill in the blanks below with the right form of **tener**.

1. Yo no _____ reloj.

2. ¿_____ ustedes diez dólares?

3. Nosotros _____ un cuarto en el hotel.

4. Ella _____ una barra de chocolate.

5. Ellos _____ una casa en el campo.

Now try the same with **querer**.

1. Nosotros _____ un cuarto con baño.

2. El _____ comprar un periódico.

3. Yo _____ caminar por la calle.

4. Ustedes _____ coger el autobús.

5. Ellas _____ ir al museo.

Can you answer these questions?

1. ¿Quiere usted beber una gaseosa?

ANSWERS

Questions: 1. Yo (no) quiero beber una gaseosa.

Tener: 1. tengo **2.** tienen **3.** tenemos **4.** tiene **5.** tienen

Querer: 1. queremos **2.** quiere **3.** quiero **4.** quieren **5.** quieren

50

2. ¿Tiene usted una casa en el campo?

_____

3. ¿Quiere usted ir a México?

_____

4. ¿Tiene usted hermanos?

_____

You will remember we have already used the word **está** a number of times, especially to show where things are located. Example: La maleta **está** *en* el taxi. The *infinitive* form of **está** is
(ehs-TAHR)
estar. Even though it ends in **ar**, it is slightly different.

Try practicing it by writing the forms and saying them aloud until you know them.
Use the blanks below.

ESTAR	
(ehs-TOY) **estoy**	*(ehs-TAH-mohs)* **estamos**
(ehs-TAHS) **estás**	
(ehs-TAH) **está**	*(ehs-TAHN)* **están**

Ask yourself these questions aloud and answer with complete sentences. Notice that they all have to do with location, because that is one of the main uses of **estar**.

1. ¿Está usted en los Estados Unidos?

_____

2. ¿Está usted en casa?
          at home

_____

3. ¿Está usted en un hotel?

_____

Say each sentence aloud. Then, substitute the words in parentheses for the different persons and be sure to change the form of **estar** each time.

    Nosotros no estamos en casa. **(Yo, El, Ustedes)**
       (ah-KEE)
    Ella no está aquí. **(Ellos, Usted, Ella)**
       here
    Ustedes no están en los Estados Unidos. **(Nosotros, Usted, Ellos)**

51

Posesión

(dehl)

You have probably noticed that several times we have used the word **del**. It is the short form which *must always* be used for **de** + **el**. Usually it expresses possession. Example: **La maleta** *del* **turista.** In no other case should **de** be combined into a shortened word.

Fill in the blanks below with **del**, **de la**, **de los**, **de las**.

La maleta _____ 1. _____ señora, la casa _____ 2. _____ hombre,

el conductor _____ 3. _____ autobús, el esposo _____ 4. _____ mujer,

las puertas _____ 5. _____ cuartos, el hermano _____ 6. _____ muchachas,

la familia _____ 7. _____ americano, el hijo _____ 8. _____ española.

(ehs-pah-NYOH-lah)
Spanish woman

(ohr-dee-NAH-lays)
Números ordinales
Numbers Which Show the Order of Things

Write in the numbers showing the order of the floors and say them aloud.

(noh-BAY-noh)
Noveno

(ay-dee-FEE-syoh)
Los pisos del edificio
the floors   of the building

(DAY-see-moh)
Décimo

(SEHP-tee-moh)
Séptimo

(ohk-TAH-boh)
Octavo

(KEEN-toh)
Quinto

(SEHS-toh)
Sexto

(tehr-SEH-roh)
Tercero

(KWAHR-toh)
Cuarto

(pree-MEH-roh)
Primero

(PLAHN-tah) (BAH-hah)
Planta   Baja
ground floor

(say-GOON-doh)
Segundo

ANSWERS

8. de la	6. de las	4. de la	2. del
7. del	5. de los	3. del	1. de la

Fill-ins.

Notice that in some Spanish-speaking countries the ground floor is not counted as a floor, and we begin counting with the second floor. When you take the elevator in your hotel, you will see that the buttons are often designated in the following way: **PB (planta baja), 1° (primero), 2° (segundo),** etc. If you find that you have gotten off on the wrong floor, it's probably because you have been counting the ground floor when you shouldn't.

Mi y Su
My and Your

Besides using **de**, there are other ways to show possession, to whom something belongs. You will want to talk about your own possessions. To do this, you simply put the word **mi** *(mee)* (my) in front of the thing you possess, if it's singular, or **mis,** *(mees)* if it's plural. Examples: **mi maleta, mis maletas.** After all the other things you've done, this should be a snap.

Try it for us, please.

1. _____ hijos,   2. _____ abuela,   3. _____ hermanos,

4. _____ billete,   5. _____ cuarto,   6. _____ llaves.

(mee)
Es mi maleta.
my

(soo)
No, no es su maleta.
your

(NWEHS-troh) (NWEHS-trah) (NWEHS-trohs) (NWEHS-trahs)

To indicate the idea of *our*, we use **nuestro, nuestra, nuestros, nuestras,** depending on whether the word following is masculine or feminine, singular or plural.

Can you fill in the right form?

1. _____ tía,   2. _____ taxi,

3. _____ billetes,   4. _____ abuelos,

53

5. _____ autobús,   6. _____ maletas,

7. _____ reloj,   8. _____ prima

To show possession for anyone else (Your, singular, His, Her, Its, Their, Your, plural), we
use either **su** or **sus,** *(soo)* *(soos)* depending on whether the word following is singular or plural.
Examples: **Su padre, Sus fichas.**

Show us how well you understand this and fill in the blanks.

1. _____ casas,   2. _____ fruta,

3. _____ ficha,   4. _____ primos,

5. _____ plano de la ciudad,   6. _____ calle,

7. _____ billetes

You should now be able to read these few lines and understand them easily.

(pray-GOON-tah)
«¿Qué hora es?» pregunta el padre a su hija.
        asks

(DEE-say)
«Son las tres » dice la hija.
      says

(SAH-lays) (PAH-rah)
«¿A qué hora sales   para Colombia?»
      are you leaving for

pregunta el padre. «A las cinco y veinte»

(kohn-TEHS-tah)
contesta la hija.
answers

(bwehn) (BYAH-hay)
«Adiós y buen viaje»   dice el padre.
      have a good trip

(pah-PAH)
«Adiós, papá».

¿QUÉ HORA ES?

54

Take a stab at these questions.

1. ¿Qué pregunta el padre a su hija?

_____

2. ¿Qué hora es?

_____

(ah-DOHN-day)
3. ¿Adónde va la hija?
where, to where

_____

Can you tell us at what time of the day you usually do the following? Begin with **A** (at).

Get up. A ___**las seis y media**___ . Eat lunch. A _____ .

Finish work. A _____ . Eat supper. A _____ .

Go to bed. A _____ .

6 **Un viaje en tren**
(BYAH-ha·) *(trehn)*
A trip by train

(ehs-tah-SYOHN)(feh-rroh-kah-RREEL)
La estación del ferrocarril
railway station

Traveling by train in foreign countries can be a much more pleasant experience than in the U.S. Because public transportation is more widely used in Spanish-speaking countries, excellent trains are available which offer comfort, speed, and good connections. This is particularly true in Spain. The **tren rápido** or **expreso,** of course, is faster and has few stops. A **tren** *(RRAH-pee-doh) (ehs-PRAY-soh)*
(dee-REHK-toh)
directo would make few or no stops between your point of departure and your destination *(dehs-TEE-noh)*
(destino). For some trains, you may need to choose between first and second class, the first

being a little more expensive, but also more comfortable. Once you have bought your ticket at *(tah-KEE-yah)*
the **taquilla** (the ticket window), you will need to look at it carefully to see what is the number *(ahn-DEHN)* *(LAHR-goh) (rray-koh-RREE-doh)*
of your boarding platform: **andén.** If you're taking a **tren de largo recorrido,** you may *(lee-TEH-rah)* *(KOH-chay) (koh-may-DOHR)*
wish to get a **litera.** The best trains will have a **coche comedor;** others will have a snack
sleeping berth dining car

(bahr)
bar **(bar).** In some cases delicious, full-course meals will be served to you right at your seat.
(fahk-too-RAHR)
On long trips, you should check your bags **(facturar),** and the porter will stow your luggage *(ay-kee-PAH-hay)* *(foor-GOHN)* *(tah-LOHN)*
(equipaje) in the **furgón.** You will need to show him your **talón** in order to get your luggage
baggage car receipt

56

when you arrive.

(mah-DREED)(bah-LEHN-syah)

Mary, Mark, and their children are traveling from Madrid to Valencia and have gone to the
(ehs-tah-SYOHN) (ah-TOH-chah)
Estación   Atocha to catch their train.

(pohr) (FEEN)
MARY   Por fin, estamos en la Estación Atocha.
       at last

(koh-HAY-mohs)   (koh-RRAY-oh)   (tehr)   (tahf)
¿Cogemos el tren correo a Valencia o vamos en el tren TER, en el TAF o en
do we take   mail   to   three types of luxury express trains

(TAHL-goh)
el TALGO?

(KWEHS-tahn) (day-mah-SYAH-doh)
MARK   El TER, el TAF y el TALGO cuestan   demasiado.
                                   cost   too much

(byah-HAH-mohs)
MARY   ¿Viajamos en un tren rápido?
       Are we traveling   *(EE-dah) (BWEHL-tah)*
MARK   Sí. (Al empleado) ¿Cuánto cuesta un billete de ida y   vuelta a Valencia?
                          How much does a round-trip ticket cost?

(pehr-SOH-nahs)
Somos cuatro personas.

EL EMPLEADO   ¿En un tren directo?

MARK   Sí, por favor.

(oh)   (KLAH-say)
EL EMPLEADO   ¿En primera o en segunda clase?
              first   or   second class

MARK   En segunda.

(PRAY-syoh)
The clerk tells him the price: **el precio.**

MARK   ¿Cuándo sale el tren?
              leaves

EL EMPLEADO   Sale a las once y media.

(ah-SEHR)
If you do not go by a **tren directo,** you may have *to make connections* with another train: **hacer**
(ehm-PAHL-may)   *(rray-sehr-BAHR)*
empalme. For a long trip, it would always be wise *to make a reservation* (**reservar un billete**)
(ah-HEHN-syah)   *(RREHN-fay)*
either through an **agencia de viajes** (travel agency) or, in Spain, at the offices of *La RENFE,*
the national railroad ticket agency. Sometimes your hotel may even be able to make travel
arrangements for you.

Can you remember most of the words and expressions you may need to travel by train? Let's see. Fill in the spaces below.

1. What train do you want to be sure to avoid? El _____

2. If you need to go nonstop, what kind of train do you want? El _____

3. What two kinds of train tickets are there? P_____

   Clase y S_____ Clase.

4. The city to which you are going is called your _____.

5. If your trip is long and you want to sleep comfortably, what should you reserve? Una

   l_____.

6. Where is your luggage kept on a long trip? En el f_____.

7. If your train does not go to your final destination, what may you have to do?

   H_____ e_____.

8. To pick up your luggage from the baggage car, what should you show? El t_____.

9. How do you say "round-trip" ticket? Un billete de _____

   y _____.

Now match the Spanish words in the first column to their English meanings in the second column.

1. **taquilla**	A. to travel
2. **facturar**	B. luggage
3. **hacer empalme**	C. ticket window
4. **coche comedor**	D. boarding platform
5. **andén**	E. round-trip
6. **equipaje**	F. to check luggage
7. **ida y vuelta**	G. to make a connection
8. **litera**	H. sleeping berth
9. **viajar**	I. dining car

You will find that some of the more modern trains look like ours. Others will be divided into

(kohm-pahr-tee-MYEHN-tohs)

compartments, **(compartimientos),** which seat about eight persons. Customarily, if passengers in the compartment are carrying a picnic-type lunch or beverages, they will almost always offer to share their food and drink with you. You shouldn't refuse. After all, it might give you the chance to sample some local cuisine. Likewise, if you have something to eat with you, try

(lays) (ah-pay-TAY-say)

sharing it with the others. Just ask them, **"¿Les apetece?"**
Would you like some?

(AH-bay)

Spain's high speed train, el **AVE,** will get you to your destination faster than any other.

(AHL-tah) (bay-loh-see-DAHD)

Its name stands for **alta velocidad** and reminds us of the Spanish word for *bird:* **ave.**
high velocity

Try reading this line from a train schedule and see if you can answer the questions that follow. Change the times to our twelve-hour counting system.

(oh-RAH-ryoh) **EL HORARIO** schedule					
Salida (departure)	**Destino**	**Llegada**	**Empalme**	**Destino**	**Llegada**
México 13:15 Mexico City	*(beh-rah-KROOS)* **Veracruz**	**18:20**	**18:45**	*(mohn-teh-RRAY)* **Monterrey**	**22:30**

(SAH-lay)
1. ¿A qué hora sale el tren de México? A las _____
 leaves
2. ¿A qué hora llega a Veracruz? A las _____

(fee-NAHL)
3. ¿Qué ciudad es su destino final? _____

4. ¿En qué ciudad es necesario hacer empalme? En _____

(OH-troh)
5. ¿A qué hora sale el otro tren de Veracruz? A las _____
 other
6. ¿A qué hora llega usted a su destino? A las _____

Our mind's a little fuzzy today. Help us think straight by putting the words below in the right order to make sense.

1. **sacar, billete, quiero, un, de, ida y vuelta**

   _____

2. **el, es, facturar, necesario, equipaje**

   _____

3. **¿el, sale, qué, hora, a, tren?**

   _____

4. **¿un, Veracruz, directo, tren, hay, a?**

   _____

We've already learned the numbers through 59, but you'll need some more with the way inflation is nowadays. Try writing out the new ones below.

60
(say-SEHN-tah)
sesenta _____

70
(say-TEHN-tah)
setenta _____

Let's continue counting:

80
(oh-CHEHN-tah)
ochenta _____

90
(noh-BEHN-tah)
noventa _____

100
(syehn)　(SYEHN-toh)
cien or **ciento** _____

Now, try counting by tens to one hundred. Can you do it by fives? (**sesenta**, **sesenta y cinco**, etc.) Now try it the same way starting from *ten*.

(BEHR-bohs)
Verbos

Write out the new verbs and learn their meaning. They are just like the other **er** verbs we learned earlier.

(kohm-prehn-DEHR)
comprender = to understand

(ah-prehn-DEHR)
aprender = to learn

(behn-DEHR)
vender = to sell

_____   _____   _____

See how much you remember about the **er** verbs by writing in the forms indicated below. Don't be bashful about looking back if you need help.

VENDER

Yo _____ billetes.

Tú ___vendes___ billetes.

El
Ella _____ billetes.
Usted

Nosotros _____ billetes.

Ellos
Ellas _____ billetes.
Ustedes

COMPRENDER

(ehs-pah-NYOHL)
Yo _____ español.
Spanish
Tú ___comprendes___ español.

El
Ella _____ español.
Usted

Nosotros _____ español.

Ellos
Ellas _____ español.
Ustedes

APRENDER

Yo _____ mucho.

Tú ___aprendes___ mucho.

El
Ella _____ mucho.
Usted

Nosotros _____ mucho.

Ellos
Ellas _____ mucho.
Ustedes

Now, can you understand these easy sentences?

1. Yo no comprendo el horario.
2. Ellos no venden chocolate.
3. Nosotros aprendemos los números.
4. Usted vende periódicos.
5. Ustedes comprenden español.
6. El aprende mucho.

Can you fill in the blanks for this new **ar** verb? Remember what it means from the conversation?

Yo _____ en tren.

by

Tú _____ viajas _____ en tren.

(byah-HAHR)
VIAJAR
to travel

El
Ella _____ en tren.
Usted

_____

Nosotros _____ en tren.

Ellos
Ellas _____ en tren.
Ustedes

(TOH-dohs) *(BOHR-doh)*
¡TODOS A BORDO!
All aboard!

Can you write in the missing letters in the words below that have to do with traveling? The English equivalents are written below the lines to help you out.

(sah-LEE-dah)
La salida
departure

1. t____ ____ ____
   train

2. d____ ____t____ ____o
   destination

3. em____ ____ ____me
   connection

4. t____qui____ ____a
   ticket booth

5. l____t____ ____a
   berth

6. eq____ ____pa____ ____
   baggage

7. f____ ____g____ ____
   baggage car

8. e__ __ __c__ __n
   station

9. s____l____d____
   departure

10. h____r____r____ ____
    schedule

11. v____ ____ ____e
    trip

12. f____ ____t____r____ ____
    to check

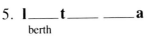

62

(SAH-lah) (ehs-PEH-rah)
La sala de espera
waiting room

(MOH-soh)
El mozo
porter

(trehn)
El tren
train

(oh-RAH-ryoh)
El horario
schedule

(pah-sah-HEH-rah)
La pasajera
passenger, fem.

(kah-RRAY-tah)
La carreta
luggage cart

(ahn-DENH)
El andén
railway platform

(BEHR-bohs) (ah-dee-syoh-NAH-lays)
Verbos Adicionales
Additional Verbs

Here are two more **er** verbs of the ''shoe'' type. Notice that with them the **o** of the infinitive changes to **ue,** but, of course, not for the **nosotros** form. Practice them by filling in the blanks.

(bohl-BEHR)			
VOLVER = TO COME BACK, GO BACK			
(BWEHL-boh) **yo vuelvo**	*(bohl-BAY-mohs)* **nosotros volvemos**	yo _____	nosotros _____
(BWEHL-bays) **(tú vuelves)**		**(tú vuelves)**	
él **ella** *(BWEHL-bay)* **usted vuelve**	**ellos** **ellas** *(BWEHL-behn)* **ustedes vuelven**	**él** **ella** **usted** _____	**ellos** **ellas** **ustedes** _____

(day-bohl-BEHR)
DEVOLVER = TO GIVE BACK

	(day-bohl-BAY-mohs)		
(day-BWEHL-boh) **yo devuelvo**	**nosotros devolvemos**	yo _____	nosotros _____
(day-BWEHL-bays) **(tú devuelves)**		**(tú devuelves)**	
él	**ellos**	**él**	**ellos**
ella *(day-BWEHL-bay)*	**ellas** *(day-BWEHL-behn)*	**ella**	**ellas**
usted devuelve	**ustedes devuelven**	usted _____	ustedes _____

Can you read these sentences aloud and understand their meaning?

1. Mi familia vuelve mañana.

2. ¿A qué hora vuelven ustedes?

3. Devuelvo el billete.

4. El mozo devuelve la maleta.

5. ¿Volvemos en tren o en autobús?

(dahr)
Can you see below where the verb **dar** is different from the other **ar** verbs? Please fill in the blanks.
give

DAR = TO GIVE

(doy)	*(DAH-mohs)*		
yo doy	**nosotros damos**	yo _____	nosotros _____
(dahs) **(tú das)**		**(tú das)**	
él	**ellos**	**él**	**ellos**
ella *(dah)*	**ellas** *(dahn)*	**ella**	**ellas**
usted da	**ustedes dan**	usted _____	ustedes _____

Can you understand these sentences? Say them aloud.

1. Doy una barra de chocolate a mi hija.

(byah-HEH-roh)
2. El empleado da el billete al viajero.
traveler

3. Las muchachas dan una flor a su madre.

4. Damos el talón al mozo.
baggage check

(proh-PEE-nah)
5. Usted debe dar una propina al mozo.
tip

The following story will show you that you've learned more than you realize.

Nuestra familia llega a la estación del
(feh-rroh-kah-RREEL)
ferrocarril. Mi padre va a la taquilla y
railway

saca los billetes. Cuando paga, el empleado da los billetes a Papá. Vamos a los andenes. Cogemos el tren a las dos de la tarde y viajamos a Valencia en un tren directo. Cuando llegamos, bajamos del tren. Mi padre busca nuestras maletas en el furgón. Da su talón al mozo. El mozo
(PEH-roh)
devuelve las maletas a mi papá pero
but

Papá no da una propina al mozo. No
(POHR-kay)
comprendo. ¿Por qué? ¡Porque las maletas
(OH-trah)   Because
son de otra familia!
another

(ehs-PRAY-soh)
el tren expreso

Write in the correct form of the verbs given in parentheses.

1. Nosotros no _____ español. (comprender)

2. Los turistas _____ en la taquilla. (pagar)

3. El mozo _____ las maletas a la familia. (devolver)

4. Usted _____ de los Estados Unidos. (ser)

5. Ellas _____ al hotel. (volver)

(pah-EE-says)   *(LEHN-gwahs)*

Países y lenguas
Countries and languages

Have wanderlust? Then you will want to know how you say in Spanish the names of all those far-off countries of your dreams. Spell them out in the blanks provided. After you have written each one, say its name aloud several times. There are a few countries that always have **el** or **los** in front of them, as the case may be. Some others may or may not. For the latter, we have placed these words in parentheses to show they are optional.

Los países

(ows-TRAH-lyah)
Australia _____

(CHEE-nah)
(la) China _____

(ah-lay-MAH-nyah)
Alemania _____

(ee-TAH-lyah)
Italia _____

México _____

(ehs-PAH-nyah)
España _____

(kah-nah-DAH)
(el) Canadá _____

(FRAHN-syah)
Francia _____

(grahn) (bray-TAH-nyah)
la Gran Bretaña _____

(hah-POHN)
(el) Japón _____

(ROO-syah)
Rusia _____

(SWEE-sah)
Suiza _____

Los Estados Unidos _____

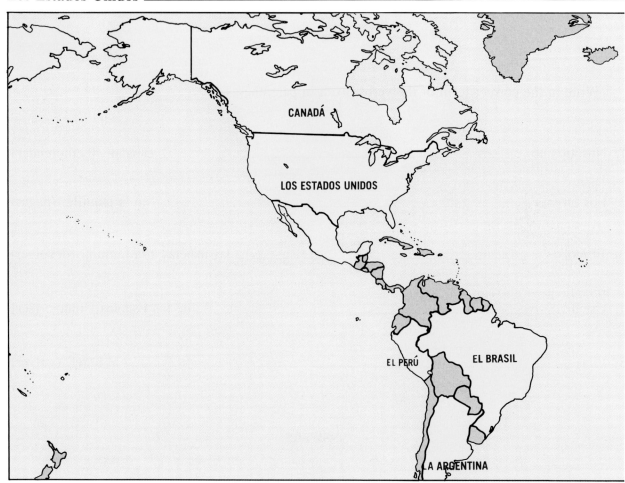

Look at our map of the world and try to find these countries. For each one, ask yourself this question:

¿Dónde está _____ ?

When you locate it, reply, "Aqí está _____ ."
(ah - KEE)

Hablo . . .
I Speak …

Can you imagine what each of the people pictured is telling you? Try repeating what they are saying and then write it in the blanks.

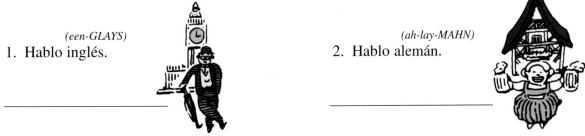

(een-GLAYS)
1. Hablo inglés.

(ah-lay-MAHN)
2. Hablo alemán.

_____

_____

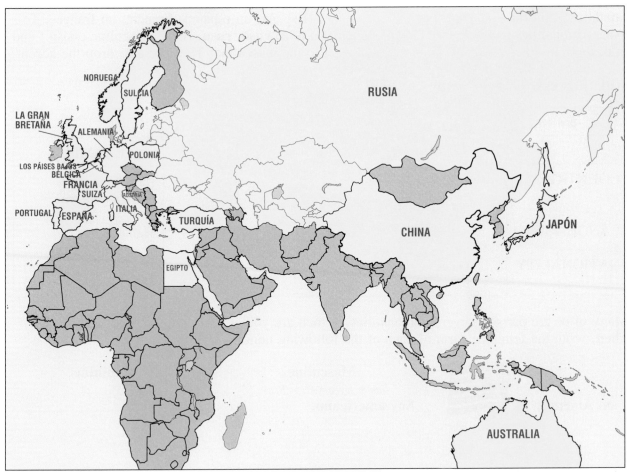

(frahn-SAYS)
3. Hablo francés.

4. Hablo español.

(ROO-soh)
5. Hablo ruso.

_____   _____   _____

(CHEE-noh)
6. Hablo chino.

(hah-poh-NAYS)
7. Hablo japonés.

_____   _____

Soy . . .
I Am . . .

In Spanish, languages are masculine and are *not* capitalized. The names of countries *are* capitalized, but the names of nationalities are *not*: **E**spaña, un **e**spañol, **F**rancia, un **f**rancés. To make nationalities feminine, we change the final **o** to **a: ruso, rusa.** If the masculine doesn't end in **o,** the feminine is formed simply by adding **a** to the masculine. Then we also drop the accent

(frahn-SAY-sah)   *(ah-lay-MAH-nah)*

mark: francés, francesa; alemán, alemana.

SUMMARY				
	MASCULINE	FEMININE	CAPITALIZATION	EXAMPLE
COUNTRY	some	some	all	**(la) China (f)** **(el) Canadá (m)**
LANGUAGE	all	none	no	**Hablo chino.**
NATIONALITY	males	females	no	**(Yo) soy español. (m)** **(Yo) soy española. (f)**

Many of us are parts of several nationalities. Which are you? Circle those flags.
Then, write the feminine form of each of the following nationalities.

Masculine
(ah-meh-ree-KAH-noh)

I am American.   **Soy americano.**

Feminine

Soy _____.

68

I am Austrian.		*(ows-TREE-ah-koh)* **Soy austríaco.**	Soy _____ .
I am Australian.		*(owv-trah-LYAH-noh)* **Soy australiano.**	Soy _____ .
I am Belgian.		*(BEHL-gah)* **Soy belga.***	Soy _____ .
I am British.		*(bree-TAH-nee-koh)* **Soy británico.**	Soy _____ .
I am Canadian.		*(kah-nah-DYEHN-say)* **Soy canadiense.****	Soy _____ .
I am Chinese.		*(CHEE-noh)* **Soy chino.**	Soy _____ .
I am Danish.		*(dah-NAYS)* **Soy danés.**	Soy _____ .
I am Dutch.		*(oh-lahn-DAYS)* **Soy holandés.**	Soy _____ .
I am French.		*(frahn-SAYS)* **Soy francés.**	Soy _____ .
I am German.		*(ah-lay-MAHN)* **Soy alemán.**	Soy _____ .
I am Italian.		*(ee-tah-LYAH-noh)* **Soy italiano.**	Soy _____ .
I am Japanese.		*(hah-poh-NAYS)* **Soy japonés.**	Soy _____ .
I am Mexican.		*(meh-hee-KAH-noh)* **Soy mexicano.**	Soy _____ .

*Belga ends in a for both masculine and feminine forms.

****Canadiense** is the same for masculine and feminine

ANSWERS

austríaca australiana belga británica canadiense china danesa holandesa francesa

alemana italiana japonesa mexicana

69

I am Norwegian.		*(noh-RWAY-goh)* **Soy noruego.**	Soy _____ .
I am Polish.		*(poh-LAH-koh)* **Soy polaco.**	Soy _____ .
I am Russian		*(ROO-soh)* **Soy ruso.**	Soy _____ .
I am Spanish.		*(ehs-pah-NYOHL)* **Soy español.**	Soy _____ .
I am Swedish.		*(SWAY-koh)* **Soy sueco.**	Soy _____ .
I am Turkish.		*(TOOR-koh)* **Soy turco.**	Soy _____ .

Now can you answer these questions by naming the country where the point of interest is located? Say the answer aloud.

(TOH-rray) (alv-FEHL)
1. ¿Dónde está la torre Eiffel? _____

2. ¿Dónde está Nueva York? _____

3. ¿Dónde está Acapulco? _____

(behr-LEEN)
4. ¿Dónde está Berlín? _____

(koh-lee-SAY-oh)
5. ¿Dónde está el Coliseo? _____

(PRAH-doh)
6. ¿Dónde está el Prado? _____

(rreen)
7. ¿Dónde está el Rin? _____
the Rhine

ANSWERS

noruega   polaca   rusa   española   sueca   turca

Locations. 1. La Torre Eiffel está en Francia. **2.** Nueva York esta en los Estados Unidos.
3. Acapulco está en México. **4.** Berlín está en Alemania. **5.** El Coliseo está en Italia.
6. El Prado está en España. **7.** El Rin está en Alemania.

(BEHR-bohs)   *(ah-dee-syoh-NAH-lays)*

Verbos Adicionales
Additional Verbs

We have already learned the verb *comprender*. Here is another which means the same thing, but notice that it is the "shoe" type, and the **e** changes to **ie**.

Try writing out its forms and saying it aloud.

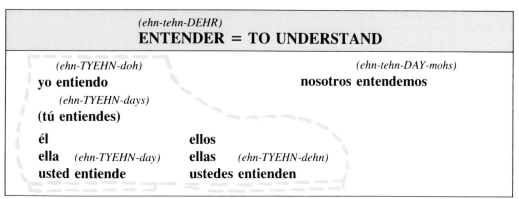

(ehn-tehn-DEHR)
ENTENDER = TO UNDERSTAND

(ehn-TYEHN-doh)
yo entiendo

(ehn-tehn-DAY-mohs)
nosotros entendemos

(ehn-TYEHN-days)
(tú entiendes)

él   **ellos**
ella *(ehn-TYEHN-day)*   **ellas** *(ehn-TYEHN-dehn)*
usted entiende   **ustedes entienden**

By now you should be able to answer the questions below. Say both the question and the answer aloud.

1. ¿Qué lenguas entiende usted?

2. ¿Qué lengua entiende un español?

3. En España, ¿qué lengua entienden?

4. ¿Entiende usted alemán?

5. En los Estados Unidos, ¿entendemos inglés?

Here are two new verbs. Notice that they are of a different type. They end in **ir**. Words like these use the same endings as the **er** verbs, except for the **Nosotros** form, as you can see below.

Say the new forms aloud a number of times.

(bee-BEER)
VIVIR = TO LIVE

(BEE-boh)
yo vivo

(bee-BEE-mohs)
nosotros vivimos

(BEE-bays)
(tú vives)

él   **ellos**
ella *(BEE-bay)*   **ellas** *(BEE-behn)*
usted vive   **ustedes viven**

(ehs-kree-BEER)
ESCRIBIR = TO WRITE

(ehs-KREE-boh)
yo escribo

(ehs-kree-BEE-mohs)
nosotros escribimos

(ehs-KREE-bays)
(tú escribes)

él   **ellos**
ella *(ehs-KREE-bay)*   **ellas** *(ehs-KREE-behn)*
usted escribe   **ustedes escriben**

ANSWERS

Languages.
1. Entiendo _____ 2. Un español entiende español. 3. En España, entienden español. 4. Sí, entiendo alemán. No, no entiendo alemán. 5. Sí, en los Estados Unidos entendemos inglés.

See if you understand these sentences. Please say them aloud: Los franceses viven en Francia; hablan y entienden francés. Los españoles viven en España; hablan y escriben español. Nosotros vivimos en los Estados Unidos; hablamos y escribimos inglés.

Can you make up sentences like these about several other nationalities and countries? Use **vivir**, **hablar**, **entender y escribir** and follow our examples above.

Now let's increase your number power ten-fold. Say the words aloud and practice writing them out.

(dohs-SYEHN-tohs)
doscientos _____
two hundred

(says-SYEHN-tohs)
seiscientos _____
six hundred

(trays-SYEHN-tohs)
trescientos _____
three hundred

(say-tay-SYEHN-tohs)
setecientos _____
seven hundred

(kwah-troh-SYEHN-tohs)
cuatrocientos _____
four hundred

(oh-choh-SYEHN-tohs)
ochocientos _____
eight hundred

(kee-NYEHN-tohs)
quinientos _____
five hundred

(noh-bay-SYEHN-tohs)
novecientos _____
nine hundred

(meel)
mil _____
one thousand

When you think you can count by hundreds to a thousand, give it a try. It's fair to peek if you have to. Do it enough times, and you won't need to. Before **cien** and **mil** be careful not to say **un**. Now can you say these numbers aloud? Refer back to previous sections if you need help. Model: 1986 = **mil novecientos ochenta y seis**. (Notice that if the last number in the series is from 1 to 9, we place **y** before it, but we never place **y** before the numbers 10 to 19 or before the tens if they are the last number: 114 = **ciento catorce**; 120 = **ciento veinte**. After **mil** come **dos mil**, **tres mil**, etc.

After you have said the following numbers aloud, write them out.

1. 111   2. 222   3. 333   4. 415   5. 513   6. 647

7. 1776   8. 859   9. 995   10. 2112   11. 3564   12. 4716

ANSWERS

Numbers.
1. ciento once
2. doscientos veintidós
3. trescientos treinta y tres
4. cuatrocientos quince
5. quinientos trece
6. seiscientos cuarenta y siete
7. mil setecientos setenta y seis
8. ochocientos cincuenta y nueve
9. novecientos noventa y cinco
10. dos mil ciento doce
11. tres mil quinientos sesenta y cuatro
12. cuatro mil setecientos dieciséis

72

De España a . . .
From Spain to . . .

Look at the map showing the distances from Madrid to other places. Ask yourself how far it is from Madrid to one of the cities, then answer the question. Notice that we use kilometers (5/8 of a mile), since that is the unit which is used to measure highway distances in Spain. If you're on the road, you have to do some quick mental calculations to convert distances into miles.

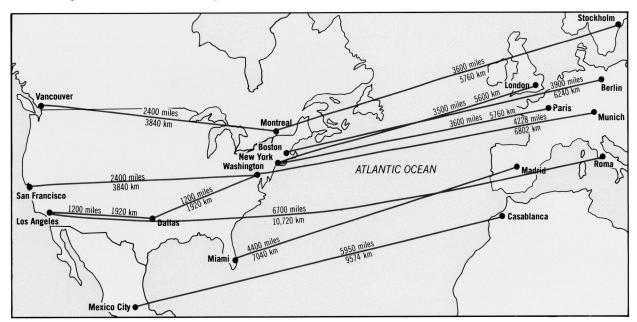

1. ¿Está muy lejos Miami de Madrid? *(mah-DREED)* Miami está a _____ kilómetros de Madrid. *(kee-LOH-may-trohs)*

2. ¿Está muy cerca Los Angeles *(AHN-hay-lays)* de Roma *(ROH-mah)*? Los Angeles está a _____ kilómetros de Roma.

3. ¿Está muy lejos Londres *(LOHN-drays)* de Nueva York? Londres está a _____ kilómetros de Nueva York.

Entiendo . . .
I Understand . . .

Knowing the frustration of not being understood, can you imagine how this young lady felt when her purse was missing? She's telling her woes to a friend. Notice how she uses the present tense to tell, in very vivid terms, a story about the past. We often do the same in English: "This guy *comes* up to me and *says* . . ."

Entro en el Metro en Princesa *(preen-SAY-sah)* **y voy a Callao. Tomo otro tren y voy a la parada Puerta del**
a Madrid Metro stop

Sol *(sohl)* **y cuando bajo del vagón** *(bah-GOHN)* **no puedo** *(PWAY-doh)* **encontrar** *(ehn-kohn-TRAHR)* **la bolsa.** *(BOHL-sah)* **Busco un policía y hablo con**
                      coach   I can't   find   purse

ANSWERS

Distances: 1. 7040 2. 10,720 3. 5600

73

(LEE-oh)

él. El policía no entiende inglés y yo no entiendo español. ¡Qué lío! Pero un turista
him   What a dilemma

(may) *(ah-YOO-dah)*   *(PEE-day)* *(NOHM-bray)*   *(ah-pay-YEE-doh)*   *(dee-rehk-SYOHN)*

americano me ayuda. El policía pide mi nombre, mi apellido y mi dirección.
              helps   asks for   name   surname   my   address

(een-fohr-mah-SYON)   *(fohr-moo-LAH-ryoh)* *(LWAY-goh)*   *(ehm-bah-HAH-dah)*

Escribo la información en un formulario y luego voy a la Embajada Americana para
                                 form   then   American Embassy

(day-SEER)   *(pah-sah-POHR-tay)*   *(ah-SEHR)*

decir que ahora no tengo pasaporte. ¡Dios mío! ¿Qué voy a hacer? En una ciudad
to say   passport   to do

(ehs-TRAH-nyah)(seen)   *(dee-NEH-roh)*   *(tahr-HAY-tah)* *(KRAY-dee-toh)* *(SAHL-go)*

extraña, sin pasaporte y sin dinero. Pero tengo mi tarjeta de crédito. No salgo de
strange   without   money   card   credit   leave

casa sin ella. Voy a la American Express y me dan dinero. Cuando vuelvo a casa, ¡la
          it

bolsa está en el tocador!

What countries do you often associate with the items listed below? Please write them out. Surely you remember.

1. Vodka _____

2. Champagne _____

3. Statue of Liberty _____

4. Shakespeare _____

5. Chili _____

6. Castanets _____

7. Pizza _____

8. Geishas _____

Can you write out the feminine form of these masculine words of nationality?

japonés _____

alemán _____

americano _____

suizo _____
(pohr-too-GAYS)

francés _____

portugués _____

8 *(kah-MEE-noh)*
En el camino
On the road

EL COCHE DE ALQUILER
(KOH-chay) *(ahl-kee-LEHR)*

The rental car

You may want to rent a car and explore the countryside for yourself. Practice the phrases in this dialogue until you feel sure of them.

(klee-YEHN-tay)

EL CLIENTE **Buenos días.**

Quiero alquilar un coche.
(ahl-kee-LAHR)
to rent

(ah-HEHN-tay)

EL AGENTE **¿Para cuánto tiempo?**

EL CLIENTE **Para dos semanas.**
(say-MAH-nahs)
weeks

(KAHM-byohs)

EL AGENTE **¿De cambios**
shift

o automático?
(ow-toh-MAH-tee-koh)
or automatic

EL CLIENTE **Automático y a cuatro**
with

plazas. ¿Está incluido
(PLAH-sahs) *(een-kloo-EE-doh)*
seats included

el precio de la gasolina?
(gah-soh-LEE-nah)

EL AGENTE **La gasolina, no, pero**

el kilometraje, sí. El precio
(kee-loh-may-TRAH-hay)
distance in kilometers = mileage

por una semana es_____ .

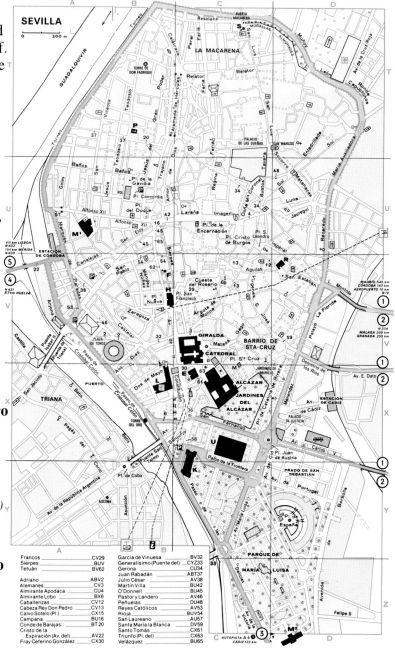

Road Map of Seville

SEVILLA

(Courtesy of Michelin Guide, Spain—reprinted with permission)

(lee-SEHN-syah) *(kohn-doo-SEER)* *(pah-sah-POHR-tay)* *(tahr-HAY-tah)* *(KRAY-dee-toh)*

Por favor, su licencia de conducir, su pasaporte y su tarjeta de crédito.
driver's license credit card

EL CLIENTE	*(PWAY-doh)* **¿Puedo devolver el coche en mi ciudad de destino?** Can I	
EL AGENTE	**¿Qué ciudad es?**	
EL CLIENTE	*(say-BEE-yah)* **Sevilla.**	
EL AGENTE	*(KLAH-roh)* **Claro. Yo soy de Sevilla. Aquí tiene las llaves para el coche y los** Of course here are	

(doh-koo-MEHN-tohs)   *(SYEH-rroh)*   *(kohn)*
documentos. Ahora cierro. ¡Voy con usted!
papers   I'm closing up   with

Can you fill in the missing words below?

1. Quiero _____ un coche.   3. A cuatro _____ .

2. De _____ o automático.   4. La licencia de _____ .

(ehs-pray-SYOH-nays)   *(OO-tee-lays)*
Expresiones útiles
useful

Here are some useful expressions you might need for renting your car. Practice writing them out in the spaces below, and be sure to say them aloud until you've learned them well.

¿Cuánto cuesta por día? _____
per

(say-GOO-roh)
¿Cuánto es el seguro? _____
insurance

¿Está incluida la gasolina? _____

(DEH-hoh) *(day-POH-see-toh)*
¿Dejo un depósito? _____
Do I leave

Ready to try several more expressions you might need on the open road?

¿Por dónde voy a _____ **?** _____
How do I get to

(kah-rray-TEH-rah)
¿Adónde va esta carretera? _____
highway

(MAH-pah)
¿Tiene usted un mapa de carreteras? _____

(Notice that **mapa** is masculine.)

(dehs-byah-SYOH-nays)
¿Hay desviaciones en el camino? _____
detours

ANSWERS

Fill-ins. 1. alquilar 2. cambios 3. plazas 4. conducir

SEÑALES VIALES

Road signs

If you're planning to drive while you're abroad, spend some time remembering the meanings of these signs.

Dangerous Intersection

Danger!

Stop

Speed Limit
(in km/hr)

Minimum
Speed

End of Limited
Speed

No Entrance

Yield Right-of-way

Two-way
Traffic

Dangerous Curve

Entrance to Expressway

Expressway Exit
(road narrows)

Customs

No Passing

End of No Passing Zone

One-way Street

Detour

Road Closed

Parking

No Parking
(or waiting)

Roundabout

No Parking

No Parking
(or waiting)

No Cyclists

Pedestrian Crossing

Railroad Crossing
(no gate)

Guarded Railroad
Crossing

La estación de servicio

(ehs-tah-SYOHN) *(sehr-BEE-syoh)*

The service station

EL CLIENTE **Puede** *(PWAY-day)* **llenar el tanque.** *(yay-NAHR)* *(TAHN-kay)*
You can   fill the tank

EL PATRÓN **¿Con regular, súper o extra?** *(pah-TROHN)* *(rray-goo-LAHR)* *(SOO-pehr)* *(EHS-trah)*
boss

EL CLIENTE **Regular. También necesito aceite. ¿Quiere mirar la presión de las llantas** *(ah-SAY-tay)* *(pray-SYOHN)* *(YAHN-tahs)*
oil   pressure   tires

y el agua?

EL PATRÓN **Todo está bien.** *(TOH-doh)*
Everything

EL CLIENTE **Voy a Madrid. ¿Cuál es el camino más directo?** *(kwahl)* *(mahs)*
What   most

(He pulls out a road map.)

EL PATRÓN **Pues, usted está aquí. Debe tomar la autopista hacia** *(pwehs)* *(ah-KEE)* *(ow-toh-PEES-tah)* *(AH-syah)*
Well   here   thruway   towards

el oeste. A dos kilómetros, doble a la izquierda en la Carretera Nacional. *(oh-EHS-tay)* *(kah-rray-TEH-rah)* *(nah-syoh-NAHL)*
west   After   turn to the left   national highway

Luego, a cuatro kilómetros, debe doblar a la derecha. Entonces debe seguir las *(LWAY-goh)* *(ehn-TOHN-says)* *(say-GHEER)*
Then   turn to the right   Then   you should follow

señales. *(say-NYAH-lays)*
signs

EL CLIENTE **¿Hay mucho tráfico?** *(TRAH-fee-koh)*

EL PATRÓN **¿A estas horas? ¡Sólo unas ovejas!** *(SOH-loh)* *(oh-BEH-hahs)*
(At this time)   Just   some   sheep

Can you fill in the blanks with the missing word?

1. ¿Con qué llenamos el tanque? Llenamos el tanque con _____.

2. ¿Qué ponemos en el motor? Ponemos _____ en el motor. *(poh-NAY-mohs)* *(moh-TOHR)*
put

3. ¿Qué otras cosas puede usted revisar en la estación de servicio? Puedo revisar la presión de *(KOH-sahs)* *(rray-bee-SAHR)*
things   check

las _____ y el _____ .

ANSWERS

Missing words. 1. gasolina   **2.** aceite   **3.** llantas y el agua

In Spain thruways are called **autopistas** and are marked as "A" roads on your map. An
(pay-AH-hay)
autopista de peaje is a toll road. National highways are **Carreteras Nacionales** and are marked with a red "N" on your map. Regional highways are reasonably good and are numbered with the prefix "C".

EL COCHE
The Car

(boh-SEE-nah)
la bocina
horn

(leem-pyah-pah-rah-BREE-sahs)
el limpiaparabrisas
windshield wiper

(boh-LAHN-tay)
el volante
steering wheel

(tah-BLEH-roh) (eens-troo-MEHN-tohs)
el tablero de instrumentos
dash board

(pay-DAHL) (ehm-BRAH-gay)
el pedal de embrague
clutch pedal

(pah-LAHN-kah) (KAHM-byoh)
la palanca de cambio
gearshift stick

(pay-DAHL) *(FRAY-nohs)*
el pedal de los frenos
brake pedal

(ah-say-leh-rah-DOHR)
el acelerador
accelerator

(ehs-PAY-hoh)
el espejo
mirror

(moh-TOHR)
el motor
motor

(kah-POH)
el capó
hood

(FAH-rohs)
los faros
headlights

(bah-teh-REE-ah)
la batería
battery

(rrah-dyah-DOHR)
el radiador
radiator

(bah-OOL)
el baúl
trunk

(pah-rah-CHOH-kays)
el parachoques
bumper

(ah-SYEHN-toh)
el asiento
seat

(PLAH-kah)
la placa
license plate

(kah-POH-tah)
la capota
roof

(behn-tah-NEE-yah)
la ventanilla
window

(kah-rroh-seh-REE-ah)
la carrocería
body (of car)

(BOHM-bah)
la bomba
gas pump

(gwahr-dah-BAH-rrohs)
el guardabarros
fender

(YAHN-tahs)
las llantas
tires

(tee-rah-DOHR) (day) (PWEHR-tah)
el tirador de puerta
door handle

(TAHN-kay)
el tanque
gas tank

(pohr-tay-SWAY-lah)
la portezuela
door

Now fill in the names for the following auto parts.

_____

_____

_____

_____

_____

_____

_____

_____

_____

_____

_____

_____

_____

_____

_____

_____   _____

Más expresiones útiles para reparaciones

(rray-pah-rah-SYOH-nays)

More useful expressions for repairs

If you rent a wreck or a guzzler, you'll need to know these expressions. Write them out, please,
(bee-see-KLAY-tah) *(moh-toh-see-KLAY-tah)*
even if you're going by bike (**bicicleta**) or by motorbike (**motocicleta**).

(ah-yoo-DAHR-may)
¿Puede ayudarme? _____
help me

(peen-CHAH-soh)
Tengo un pinchazo. _____
flat

(MAHR-chah)
Mi coche no marcha. _____
won't run

(ah-RRAHN-kah)
Mi coche no arranca. _____
won't start

(FRAY-nohs) *(foon-SYOH-nahn)*
Los frenos no funcionan. _____
brakes   don't work

(kahm-BYAHR) *(ah-SAY-tay)*
¿Puede cambiar el aceite? _____
change   oil

(bah-teh-REE-ah) *(dehs-kahr-GAH-dah)*
La batería está descargada. _____
dead

(may-KAH-nee-koh) *(rray-mohl-kah-DOHR)*
Necesito un mecánico   (remolcador). _____
tow truck

(rrah-dyah-DOHR) *(ehs-KAH-pay)*
El radiador tiene un escape. _____
leak

(poh-DEHR) *(pay-DEER)* *(day-SEER)*
Poder, Pedir, Decir
To be able, to ask for, to say

Here are some more "shoe" verbs you really need to know. The first one changes the **o** to **ue**; the other two change the **e** to **i**. Notice that for the **Yo** form, **decir** also changes the **c** to **g**. Write out the forms and say them aloud.

84

PODER = TO BE ABLE, CAN

(PWAY-doh)
yo puedo

(poh-DAY-mohs)
nosotros podemos

(PWAY-days)
(tú puedes)

él
ella *(PWAY-day)*
usted puede

ellos
ellas *(PWAY-dehn)*
ustedes pueden

PEDIR = TO ASK *FOR*

(PEE-doh)
yo pido

(pay-DEE-mohs)
nosotros pedimos

(PEE-days)
(tú pides)

él
ella *(PEE-day)*
usted pide

ellos
ellas *(PEE-dehn)*
ustedes piden

DECIR = TO SAY, TELL

(DEE-goh)
yo digo

(day-SEE-mohs)
nosotros decimos

(DEE-says)
(tú dices)

él
ella *(DEE-say)*
usted dice

ellos
ellas *(DEE-sehn)*
ustedes dicen

Can you read these sentences aloud and understand what they mean?

(NOHM-bray)
1. Digo mi nombre.
   name

2. El cliente pide gasolina.

(ehn-kohn-TRAHR)
3. Ellos no pueden encontrar la carretera.
   find

(ah-YOO-dah)
4. Nosotros pedimos ayuda.
   help

5. El patrón dice «Buenos días».

6. ¿Puede usted ayudarme?

UN ACCIDENTE

(ahk-see-DEHN-tay)

An Accident

(kwee-DAH-doh)

¡Cuidado! (Careful) Driving in a foreign country means watching the road even when the scenery is breathtaking. You'll see here what happens to someone who doesn't.

LA CONDUCTORA   (Thinking to herself as she goes speeding along a mountain highway):
driver

(NOON-kah)   *(TRAH-fee-koh)*   *(kwee-DAH-doh)*   *(kohn-DOOS-koh)*

Nunca miro las señales de tráfico. No tengo mucho cuidado cuando conduzco y
Never   I'm not very careful   I drive

(RRAH-pee-doh)   *(kee-LOH-may-trohs)*   *(bay-loh-see-DAHD)*

conduzco muy rápido . . . a ciento cincuenta kilómetros por hora y la velocidad
fast   per   speed

(MAHK-see-mah)

máxima en esta autopista es ciento veinte kilómetros por hora. El camino es muy

(pay-lee-GROH-soh)   *(PREE-sah)*

peligroso pero tengo prisa . . . ¡Ay, Dios mío! . . . (She has an accident and swerves
dangerous   I'm in a hurry

on the highway)

(Llega el policía)

EL POLICÍA   **¿Cómo está? ¿Bien? Por favor, su licencia. ¿De dónde es usted? ¿Es**

(een-tehr-nah-syoh-NAHL)

turista? ¿Tiene una licencia internacional? ¿Es americana?

(kwahl)

¿Cuál es su nombre y apellido y su dirección? Ahora voy
What   first name   surname   address

(yah-MAHR)

a llamar al mecánico.
to call

(Llega el mecánico)

(SWEHR-tay) (SOH-loh)

EL MECÁNICO   **Tiene suerte.   Sólo tiene**
You're lucky   only

un pinchazo.
flat tire

LA CONDUCTORA   **¿Puede cambiar la llanta?**
change   tire

EL MECÁNICO   **¿Quiere llamar para**

(ah-kohr-DAHR)

acordar una hora?
to arrange   appointment

In the story above we have used three expressions which are based on the word *tener:* **tener cuidado, tener prisa,** and **tener suerte.** The word **cuidado** means *care,* **prisa** means *haste,* and **suerte** means *luck.* When these words are used after **tener,** they mean, respectively, *to be careful, to be in a hurry,* and *to be lucky.*

86

Can you write out below the Spanish for the English sentences at the left?

1. I am lucky. _____

2. We are careful. _____

3. The family is in a hurry. _____

4. You (plural) are lucky. _____

5. I am in a hurry. _____

(ah-SEHR)   *(bay-'NEER)*

Hacer, Venir
To do, to come

Give yourself some practice with the two verbs which appear below. Say the forms aloud. You can see they're everyday words. The first one is quite different in the *Yo* form from most **er** verbs. The second one looks like the "shoe" verbs and changes the **e** to **ie,** but *not* for the **Yo** form which is also different from that of most **ir** verbs.

HACER = TO DO OR MAKE

(AH-goh)   *(ah-SAY-mohs)*
yo hago   **nosotros hacemos**

(AH-says)
(tú haces)

él   **ellos**
ella   *(AH-say)*   **ellas**   *(AH-sehn)*
usted hace   **ustedes hacen**

VENIR = TO COME	
(BEHN-goh) **yo vengo**	*(bay-NEE-mohs)* **nosotros venimos**
(BYEH-nays) **(tú vienes)**	
él **ella** *(BYEH-nay)* **usted viene**	**ellos** **ellas** *(BYEH-nehn)* **ustedes vienen**

Try filling in the spaces below with the right forms of the verbs in parentheses:

1. ¿ _____ usted ayudarme?   (poder)

2. Los turistas _____ un cuarto con baño.   (pedir)

3. Yo _____ a las dos de la tarde.   (venir)

4. Ella _____ la hora.   (decir)

5. Yo siempre _____ mucha suerte.   (tener)

6. ¿Qué _____ usted?   (hacer)

7. Nosotros _____ una barra de chocolate.   (pedir)

8. Yo siempre _____ la verdad.   (decir)
   (behr-DAHD)
   truth

9. Yo _____ empalme en Madrid.   (hacer)

10. Ellos siempre _____ a mi casa.   (venir)

There are over 700 campsites in Spain. About 500 are located along the coast. Many of them have excellent facilities such as swimming pools, sport areas, restaurants, and supermarkets. The Spanish National Tourist Office furnishes a list of approved campsites. If you have your blue jeans on and some rugged boots, we're ready to start out. Let's go.

(ay-KEE-poh)
EL EQUIPO
equipment

See if you can find all the articles listed.

(leen-TEHR-nah) (bohl-SEE-yoh)
la linterna de bolsillo
flashlight

(SAHK-koh) (dohr-MEER)
el saco para dormir
sleeping bag

(ah-RROH-yoh)
el arroyo
brook

(AHR-bohl)
el árbol
tree

(RRAY-mohs)
los remos
oars

(RROH-pah)
la ropa
clothing

(frah-SAH-dah) (MAHN-tah)
la frazada, la manta
blanket

(kah-NAHS-tah) (SEHS-tah)
la canasta, la cesta
basket

(sohl)
el sol
sun

(kah-NOH-ah)
la canoa
canoe

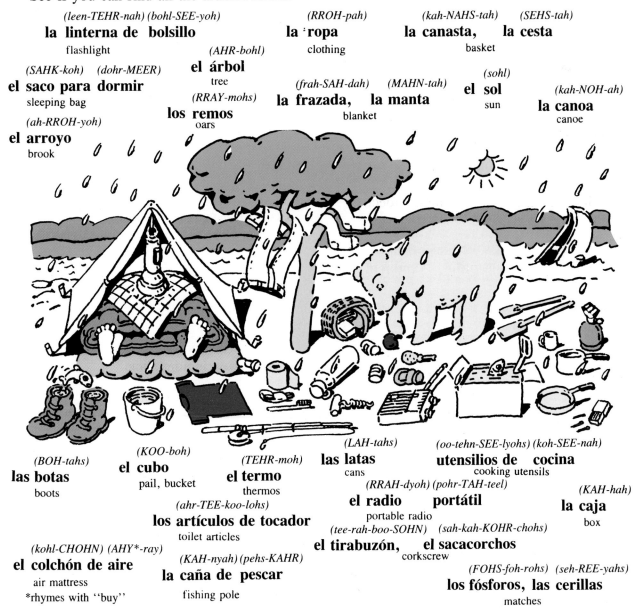

(BOH-tahs)
las botas
boots

(KOO-boh)
el cubo
pail, bucket

(TEHR-moh)
el termo
thermos

(ahr-TEE-koo-lohs)
los artículos de tocador
toilet articles

(kohl-CHOHN) (AHY*-ray)
el colchón de aire
air mattress
*rhymes with "buy"

(KAH-nyah) (pehs-KAHR)
la caña de pescar
fishing pole

(LAH-tahs)
las latas
cans

(RRAH-dyoh) (pohr-TAH-teel)
el radio portátil
portable radio

(tee-rah-boo-SOHN) (sah-kah-KOHR-chohs)
el tirabuzón, el sacacorchos
corkscrew

(oo-tehn-SEE-lyohs) (koh-SEE-nah)
utensilios de cocina
cooking utensils

(KAH-hah)
la caja
box

(FOHS-foh-rohs) (seh-REE-yahs)
los fósforos, las cerillas
matches

VAMOS AL CAMPAMENTO

(kahm-pah-MEHN-toh)

campground

(ah-KEE)

MARK **Perdón. ¿Hay un campamento por aquí?**

around here

(hwahn)

JUAN **A veinte kilómetros de aquí.**

Twenty kilometers from here.

(sehr-BEE-syohs) *(poh-TAH-blay)*

MARK **¿Tiene servicios y agua potable?**

toilets   drinking water

(koh-RRYEHN-tay) *(ay-lehk-tree-see-DAHD)* *(gahs)*

JUAN **Sí, tiene agua corriente, duchas, electricidad y   gas. También hay una tienda**

running water   showers   electricity

(koh-mehs-TEE-blays)

de comestibles cerca.

groceries

MARK **¿Cuesta mucho?**

(rrah-soh-NAH-blays)

JUAN **No, tienen precios razonables. ¿Tiene hijos?**

reasonable

MARK **Sí, dos. ¿Por qué?**

(PAHR-kay)(een-fahn-TEEL) *(ah-kahm-PAHR)*

JUAN **Porque el campamento tiene un parque infantil. ¿Cuánto tiempo va a acampar?**

children's park, playground   to camp

(TYEHN-dah)(kahm-PAH-nyah)

MARK **Una semana en nuestra tienda de campaña con mi esposa y mis dos hijos.**

tent

(mohs-KEE-tohs)(tahm-BYEHN)

JUAN **¡Y con los mosquitos   también!**

too

1. Hot water at the campground? Maybe, maybe not. But what two other kinds of water might

   you find there? _____ y _____ .

   (koh-see-NAHR)

2. If you want to cook (**cocinar**) what types of energy might you inquire about?

   _____ y _____

3. Where would you go for provisions? a la _____

4. At the campgrounds, where will the kids hang out? en el _____

   (bee-BYEHN-dah)

5. If you don't have a trailer (**coche-vivienda**), what will you most likely sleep and live in?

   en una _____

ANSWERS

Camping.   1. agua potable y agua corriente   2. electricidad y gas   3. a la tienda de comestibles   4. en el parque infantil   5. en una tienda de campaña

---

(TYEHN-dah)   *(koh-mehs-TEE-blays)*
EN LA TIENDA DE COMESTIBLES
At the grocery store

MARY   Buenos días.

(nay-say-SEE-toh)   (fee-DAY-ohs)
Necesito unos fideos,
I need   some   noodles

(mahn-tay-KEE-yah)   *(hah-MOHN)*
mantequilla y un poco de jamón.
butter   ham

(FOHS-foh-rohs)
Ah, ¿y tiene fósforos?
matches

(tehn-DEH-rah)   *(proh-ee-BEE-dahs) (foh-GAH-tahs)*
LA TENDERA   ¿Hace camping? Están prohibidas las fogatas en el campamento.
storekeeper   Are you camping?   forbidden   bonfires

(ehs-TOO-fah) (ay-LEHK-tree-kah)   *(BEE-noh) (TEEN-toh)*
MARY   Tenemos una estufa   eléctrica. También necesito un poco de vino   tinto,
                       stove   a little   wine   red

(LAY-chay) (sahl) (pahn)
leche,   sal y pan.
milk   salt   bread

(MAY-tay)   *(BOHL-sah)*
(La tendera mete las cosas en una bolsa.)
            puts   things   bag

MARY   ¿Cuánto es?

LA TENDERA   Cinco euros y diez céntimos.

(kahm-BYAHR) (CHAY-kay) (byah-HEH-roh)
MARY   ¿Puede cambiar un cheque de viajero de cincuenta euros?
cash   a   traveler's check

What words from the conversation do you associate with the items listed below?
More than one answer may be possible:

1. mantequilla _____

2. cocinar _____

3. fósforos _____

4. beber _____

5. cheques de viajero _____

6. cigarrillos _____

(nay-say-see-TAHR)

Necesitar is a very useful word to know when you're in a foreign country. It's just like the other **ar** words we have learned. Try saying it aloud.

NECESITAR = TO NEED	
(nay-say-SEE-toh) **yo necesito**	*(nay-say-see-TAH-mohs)* **nosotros necesitamos**
(nay-say-SEE-tahs) **(tú necesitas)**	
él **ella** *(nay-say-SEE-tah)* **usted necesita**	**ellos** **ellas** *(nay-say-SEE-tahn)* **ustedes necesitan**

Can you answer these questions in Spanish? Write out and say your answers.

1. ¿Ñecesita usted comer para vivir?
   in order to

_____

2. ¿Qué necesitamos para encender una fogata?
   (ehn-sehn-DEHR)
   to light

_____

3. ¿Necesita usted ir a la tienda de comestibles?

_____

4. Cuando usted hace camping, ¿qué cosas necesita llevar al campamento?
   (yay-BAHR)
   to take

(Name five things) Necesito llevar _____ , _____ ,

_____ , _____ , y _____ .

To get to your campsite you will need to do some driving. The following **ir** verb describes that. Notice that for the **Yo** form we stick a **z** in front of the **c**. Practice writing and saying the forms.

(kohn-doo-SEER)
CONDUCIR = TO DRIVE

(kohn-DOOS-koh)   *(kohn-doo-SEE-mohs)*

yo conduzco   **nosotros conducimos**

(kohn-DOO-says)

(tú conduces)

él   **ellos**
ella *(kohn-DOO-say)*   **ellas** *(kohn-DOO-sehn)*
usted conduce   **ustedes conducen**

Can you answer these questions? Write out your answers and say them aloud.

1. ¿Conduce usted muy rápido?

_____

(trah-BAH-hoh)
2. ¿Conduce usted un coche a su trabajo?
                     work

_____

(kah-myoh-NAY-tah)
3. ¿Conduce usted un coche o una camioneta?
                     van

_____

Here's another useful verb of the **er** type. But be careful with the **Yo** form as you practice writing it. Try saying it enough times to be sure of it.

(sah-BEHR)
SABER = TO KNOW SOMETHING (A FACT), TO KNOW HOW TO

(say)   *(sah-BAY-mohs)*

yo sé   **nosotros sabemos**

(SAH-bays)

(tú sabes)

él   **ellos**
ella *(SAH-bay)*   **ellas** *(SAH-behn)*
usted sabe   **ustedes saben**

Can you read these sentences aloud and understand what they mean?

1. Sabemos hablar español.

2. ¿Sabe usted escribir en francés?

3. Yo sé dónde está la estación.

4. Ellos saben cómo se llama la muchacha.

5. Yo no sé mi dirección.

(KOH-moh) *(say)* *(DEE-say)*
¿Cómo se dice . . .?
How do you say . . .?

In the last section (pp. 76–88) on traveling by car we saw how *tener* is used with *cuidado*, *suerte*, and *prisa* to form new ideas. Below, you can see how we can do the same thing to make other expressions with *tener*. The pictures should tell you the meaning of each.

(FREE-oh)
El tiene frío.

(kah-LOHR)
Ella tiene calor.

(MYAY-doh)
Ellos tienen miedo.

(SWAH-rays) *(SWAY-nyoh)*
El señor Suárez tiene sueño.

(sayd)
El tiene sed.
He is thirsty

(behr-GWEHN-sah)
La señora Suárez tiene vergüenza.
               is   embarrassed

(AHM-bray)
El tiene hambre.
He is   hungry

Try saying aloud all of the sentences above. Once you feel sure of each of them, cover them with a sheet of paper and look just at the pictures. Can you describe what each of them depicts? Next, do them in random order just to test yourself. They're important enough to learn well, since they describe states we all feel sometime or another.

Can you now describe your own feelings when confronted with the circumstances below? Try writing them out.

1. A wintry day.   Tengo _____

2. You haven't eaten.   _____

3. A spooky night.   _____

4. A sweltering day. (2 answers)   _____

                                             _____

5. You forgot your mother's birthday. _____

6. You've been driving ten hours. _____

When you need to inquire about some information, begin with **¿Sabe usted si . . .?**

_(see)

Example: **¿Sabe usted si hay agua corriente en el campamento?** Try asking the same sort of question about other things on the campground that you might want to know about and use the new words you have just learned: **¿Sabe si hay . . . en el campamento?** As an alternative, you might also ask **¿Sabe usted si tienen . . .?** Give it a try.

if

Please fill in the blanks below with the right form of the verbs. Check back to previous sections when you're uncertain.

1. Yo no _____ español.   (ser)

2. Yo no _____ conducir un coche.   (saber)

3. Ellos _____ cien euros.   (tener)
   (ew-rohs)
   basic unit of currency of Spain

4. Usted no _____ cocinar en el cuarto.   (poder)

5. Yo _____ sed y voy a beber agua.   (tener)

6. Ahora yo _____ en casa.   (estar)
   at home

7. Yo no _____ el coche.   (conducir)

8. Ella _____ fósforos en la tienda.   (comprar)

9. Nosotros no _____ en el hotel.   (comer)

10. ¿Ustedes _____ que hay agua potable en el campamento?   (decir)

ANSWERS

Fill-ins.	1. soy	2. sé
3. tienen	4. puede	5. tengo	6. estoy
7. conduzco	8. compra	9. comemos	10. dicen

El tiempo, las estaciones, los días,

(TYEHM-poh) weather *(ehs-tah-SYOH-nays)* seasons days

las semanas y los meses

(say-MAH-nahs) weeks and *(MAY-says)* months

ENERO FEBRERO MARZO ABRIL MAYO

JUNIO JULIO AGOSTO SEPTIEMBRE

OCTUBRE NOVIEMBRE DICIEMBRE

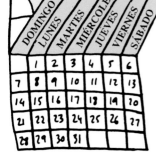

DOMINGO LUNES MARTES MIÉRCOLES JUEVES VIERNES SÁBADO

Say the names of the seasons and each of the months belonging to them a number of times. When you feel sure of them, write the letter of the seasons in Column 2 in front of the months which belong to them in Column 1.

1

(MAH-yoh)
_____ **mayo**

(ah-GOHS-toh)
_____ **agosto**

(dee-SYEHM-bray)
_____ **diciembre**

(HOO-lyoh)
_____ **julio**

(ah-BREEL)
_____ **abril**

(noh-BYEHM-bray)
_____ **noviembre**

(HOO-nyoh)
_____ **junio**

(ay-NEH-roh)
_____ **enero**

(ohk-TOO-bray)
_____ **octubre**

(fay-BREH-roh)
_____ **febrero**

(sehp-TYEHM-bray)
_____ **septiembre**

(MAHR-soh)
_____ **marzo**

2

(eem-BYEHR-noh)
A. **el invierno**
winter

(pree-mah-BEH-rah)
B. **la primavera**
spring

(beh-RAH-noh)
C. **el verano**
summer

(oh-TOH-nyoh)
D. **el otoño**
autumn

Here are the days of the week:

(LOO-nays)
lunes
Monday

(MAHR-tays)
martes
Tuesday

(MYEHR-koh-lays)
miércoles
Wednesday

(HWAY-bays)
jueves
Thursday

(BYEHR-nays)
viernes
Friday

(SAH-bah-doh)
sábado
Saturday

(doh-MEEN-goh)
domingo
Sunday

Can you answer the questions below? Write your answers and say them aloud.

1. ¿Cuántos meses hay en un año?
   (AH-nyoh)
   year

_____

2. ¿Cuántas estaciones hay en un año?

_____

3. ¿Qué mes tiene 28 días?

_____

4. ¿Cuántos días hay en el mes de diciembre?

_____

5. ¿Qué meses tienen 30 días?

_____

6. ¿Cuántos meses hay en una estación?

_____

Can you write below the months which correspond to each season? They begin with small letters in Spanish.

1. Los meses de la primavera son _____, _____, _____.

2. Los meses del verano son _____, _____, _____.

3. Los meses del otoño son _____, _____, _____.

4. Los meses del invierno son _____, _____, _____.

Try writing out the names of the seasons.

1. Diciembre, enero y febrero son los meses del _____.

2. Marzo, abril y mayo son los meses de la _____.

3. Junio, julio y agosto son los meses del _____.

4. Septiembre, octubre y noviembre son los meses del _____.

(kay)   *(TYEHM-poh)*   *(AH-say)*
¿QUÉ TIEMPO HACE?
How is the weather?

To describe weather conditions in Spanish, we often use **hace** + the name of the condition. Examples: **Hace calor en julio. Hace frío en invierno.** Refer to the pictures and repeat the sentences which describe the weather of the various seasons and months. Notice that two of them do not use *hace*.

(bwehn)   *(sohl)*
Hace buen tiempo. (Hace sol).
The weather is good.   It is sunny.

(YWAY-bay)
Llueve.
It is raining.

(FREE-oh)
Hace frío.
It is cold.

(NYAY-bah)
Nieva.
It is snowing.

(kah-LOHR)
Hace calor.
It is hot.

(mahl)
Hace mal tiempo.
It is bad weather.

Try covering up the expressions and see if you can describe the weather which corresponds to

(BYEHN-toh)   *(FREHS-koh)*

the months and seasons. Examples: **En marzo hace viento; en otoño hace fresco,** etc.

It is windy.   It is cool.

Have you practiced enough? Let's see how well you can fill in the spaces below. There may be more than one possibility in some cases.

1. En primavera hace _____ .

2. En agosto _____ .

3. En el mes de marzo _____ .

4. En invierno _____ .

5. Hace _____ tiempo en verano.

6. Hace _____ tiempo en invierno.

To say *very hot, cold,* etc., we place **mucho** in front of the weather word. Example: **En agosto hace mucho calor.** But with **hace buen (mal) tiempo,** we place **muy** in front of the weather word. Example: **Hoy hace muy buen tiempo.** Fill in the following blanks with **mucho** or **muy,** accordingly.

1. En invierno hace _____ frío.

2. Hace _____ viento también en invierno.

3. Hace _____ mal tiempo en enero.

4. En julio hace _____ sol.

5. No hace _____ mal tiempo en may

6. ¿Cuándo hace _____ buen tiempo?

7. Hace _____ fresco en el mes de noviembre.

Look at the pictures again at the beginning of this section. See which weather conditions are expressed with other verbs. Say them out loud until you feel comfortable with them. Then use them to describe today's weather. Start out with either **Hoy** . . . or **Hoy no** . . . .

SALLY	¿Qué hora es?
SUSAN	**Las siete y media.**

(yah)

SALLY   ¡Dios mío! ¿Ya? ¿Hace un buen día?
Already   Is it a nice day?

SUSAN   **No sé. ¿Por qué?**

ANSWERS

Seasons.
1. buen tiempo
2. hace calor
3. hace viento

4. hace frío, hace mal tiempo
5. buen
6. mal

Mucho/Muy.
1. mucho
2. mucho
3. muy
4. mucho
5. muy
6. muy
7. mucho

SALLY *(PLAH-yah)*
¿Vamos a la playa? Si hace buen tiempo y mucho sol y el cielo está despejado,
beach *(SYAY-loh)* sky *(dehs-peh-HAH-doh)* clear

(brohn-say-AHR-nohs) *(boos-KAHR)* *(TRAH-hay)*
podemos broncearnos. Vamos a buscar un traje de baño.
tan ourselves Let's look for bathing suit

SUSAN *(tahm-BYEHN)*
Sí, yo también quiero ir a la playa. (Va a la ventana y mira la calle.) ¡Dios mío!
also

¡Qué día! ¿Sabes?, hace muy mal tiempo. Nieva y hace mucho
What a day!

(ehs-KEES)
frío y mucho viento. ¡Debemos buscar los esquís!
skis

(pah-LAH-brahs) *(dehs-kreep-TEE-bahs)*
Palabras descriptivas
Descriptive words

Remember good old **ser** and **estar**? We have already seen one way in which they are different. **Ser** identifies: *Soy americano;* **estar** tells us where persons and things are located: *Estoy en Madrid.* Now, look at our pictures below, and you will see that **ser** is also used with words which describe essential and more or less permanent characteristics. **Estar,** on the other hand, is used with words which describe changeable states.

SER

(ehr-MOH-sah)
1. La muchacha *es* hermosa.
beautiful

(FAY-oh)
2. El hombre *es* feo.
ugly

(ah-grah-DAH-blay)
3. El muchacho *es* agradable.
pleasant

(day-sah-grah-DAH-blay)
4. La señora *es* desagradable.
unpleasant

ESTAR

(SOO-syoh)
1. El espejo *está* sucio.
dirty

(LEEM-pyoh)
2. El espejo *está* limpio.
clean

(ah-BYEHR-tah)
3. La puerta *está* abierta.
open

(seh-RRAH-dah)
4. La puerta *está* cerrada.
closed

Say each of the sentences with the pictures, remembering that with **hermosa, feo, agradable,** and **desagradable** we are talking about conditions that are relatively permanent and change little, while with **sucio, limpio, abierta,** and **cerrada,** we are indicating a condition which may change. In other words, someone could wipe the dirty mirror, and it would suddenly be different. Someone could shove the open door, and it would be shut, etc. Keeping this in mind, try filling in the blanks below with **es** or **está.**

1. El señor González _____ muy desagradable.

2. La puerta no _____ abierta.

3. Mi hijo _____ muy agradable.

4. Nuestro cuarto _____ sucio hoy.

5. El campamento _____ cerrado este mes.

6. El conductor del autobús _____ muy feo.

7. La mesa _____ limpia.

8. Mi madre _____ hermosa.

Need more practice? First, look at the words below which we have listed either as permanent traits or as changeable states. Say them aloud until you know them. Try picturing in your mind the image which they suggest.

PERMANENT TRAITS

(AHL-toh)
alto
tall

(BAH-hoh)
bajo
short

(HOH-behn)
joven
young

(GWAH-poh)
guapo
handsome

CHANGEABLE STATES

(kahn-SAH-doh)
cansado
tired

(ehn-FEHR-moh)
enfermo
ill

(TREES-tay)
triste
sad

(kohn-TEHN-toh)
contento
happy

When you know the new words for describing, answer the following questions about yourself. Say **sí, soy** . . . , or **no, no soy** . . . or **sí, estoy** . . . or **no, no estoy** . . .

1. ¿Es usted bajo (baja)?

2. ¿Es usted alto (alta)?

3. ¿Es usted joven?

4. ¿Es usted guapo (*guapa,* for females)?

5. ¿Está usted triste cuando llueve?

6. ¿Está usted cansado (cansada) a las once de la noche?

7. ¿Está usted contento (contenta) cuando hace buen tiempo?

8. ¿Está usted enfermo (enferma) hoy? (We hope not!)

9. ¿Es usted desagradable? (Of course not!)

From the list at the left below, select the words which should be used with **ser** and those that you would want to use with **estar** and write them in the column in which they belong.

		SER	ESTAR
cerrado	contento	————	————
inteligente	joven	————	————
alto	abierto	————	————
cansado	hermosa	————	————
triste	limpio		————
			————

In Spanish, words which describe usually follow what they describe. Example: **una casa** *hermosa,* **un hombre** *guapo.* If there are two words and each describes the same thing, they both usually appear after what is described and they are joined by the word *y.* Example: **una muchacha** *alta y hermosa.* Words which show quantity usually precede the thing they refer to. Example: **Tengo** *muchos* **hijos.**

Bearing these things in mind, can you put in correct order the words shown below on each line?

1. alto, hombre, es, un, feo, y

_____

2. muchacha, una, y, alta, hermosa, es

_____

3. una, es, persona, y, enferma, triste

_____

4. hotel, y, hermoso, un, alto, es

_____

(tehr-mee-nah-SYOH-nays)   *(ahd-hay-TEE-bohs)*
TERMINACIONES DE ADJETIVOS
Adjective endings

You should know also, from the sentences we have been using, that words which describe have the same form as the word which they describe, that is masculine, feminine, singular, plural. Examples: *Los hombres son guapos.* Because *hombres* is masculine plural, the word describing them is also masculine plural and ends in **os,** which is the sign of the masculine plural. If we say, "La puerta alta," the word *alta* ends in **a,** which is the sign of the feminine singular. What would you guess is the sign of the masculine singular? Right, it's **o.** How about the sign for the feminine plural? Correct again, it's **as.** Some descriptive words don't end in **o, os, a, as.** Example;
(een-tay-lee-HEHN-tay)
inteligente. Words like this are used for both the masculine and feminine: el hombre *inteligente,* la muchacha *inteligente.* To make them plural, you just add **s**: los hombres *inteligentes,* las muchachas *inteligentes.*

SUMMARY		
	SINGULAR	PLURAL
MASCULINE	-o	-os
FEMININE	-a	-as
MASCULINE & FEMININE	-e	-es

If a descriptive word does not end in *a, e, i, o,* or *u,* the forms for the masculine and feminine are the same: **un viaje difícil, una**
(dee-FEE-seel)
difficult
noche difícil. To make such words plural, we add **es**: viajes difíci**les,** noches difíci**les.**

ANSWERS

1. Es un hombre alto y feo.
2. Es una muchacha alta y hermosa.
3. Es una persona enferma y triste.*
4. Es un hotel alto y hermoso.

*In this sentence we use *es* rather than *está* because the verb refers to *persona,* not *enferma* or *triste.*

104

Draw a line from each word in Column 1 to the descriptive word in Column 2 which has the right form to be used with it.

1	2
1. la primavera	A. guapos
2. las muchachas	B. frío
3. los hombres	C. hermosa
4. el invierno	D. altas

Now try supplying the letters which are missing in the descriptive words below.

1. una puerta abiert _____

2. un hotel cerrad _____

3. flores hermos _____

4. periódicos español _____

5. un invierno frí _____

6. una primavera hermos _____

7. muchachas inteligent _____

8. una persona content _____
    (ay-dee-FEE-syoh)

9. hombres trist _____

10. un edificio alt _____
    building
    (NEE-nyoh)

11. una persona enferm _____

12. un niño baj _____
    child

(proh-NOHS-tee-koh)
EL PRONÓSTICO DEL TIEMPO
The weather forecast

(ehs-too-PEHN-doh)
Hoy, va a hacer un día estupendo en España
wonderful
(tehm-peh-rah-TOO-rahs)
con temperaturas muy altas para esta estación

(poh-see-bee-lee-DAD) (YOO-byah) (NOO-lah) (SYAY-loh)
del año. La posibilidad de lluvia es nula. El cielo
possibility rain non-existent sky
(dehs-peh-HAH-doh)
va a estar despejado y no va a hacer mucho viento . . .
clear, cloudless
(pehr-FEHK-toh) (brohn-say-AHR-say)
¡Un día perfecto para ir a la playa y broncearse al sol.
to tan yourself in the

FRIO
FRIO T
FRIO H
CALIENTE
CALIENTE

SOL LLUVIA
(tohr-MEHN-tah)
TORMENTA
(thunderstorm)
(ah-gwah-SEH-roh) (NYEH-blah)
AGUACERO NIEBLA NIEVE
(showers) (fog) (snow)

SI HOY ES MARTES, DEBO . . .

If It's Tuesday, I Should . . .

Look back at our calendar at the beginning of this section. Practice saying aloud the names of the days of the week. You should know that the days of the week begin with small letters in Spanish. Practice writing out the names of the days until you know them. You could need them for an important appointment!

In Spanish we do not use **en** in front of the days of the week to say *on*. Instead, we use **el**.
Example: Voy a la tienda **el** sábado. Before dates we also use **el** in place of the English word *on*.

(nah-SEE)
Example: **Nací el 29 de junio** *de* **1964**. Notice that, if the year follows a date, we insert the word
I was born

de between the month and the year. For the first day of the month we say **el primero de.**
Example: January 1 = **el primero de enero.** In all other cases we use the same numbers as for counting.

Let's try practicing these forms. Use the two phrases on each line below to form a sentence. Be sure to join the two segments with the word **el** to mean *on*. Example: **Voy a casa/lunes; Voy a casa el lunes.** Write out your sentences and say them aloud.

Vamos a la iglesia/domingo _____

Mi madre va a la tienda/sábado _____

Voy a la casa de mi abuela/miércoles _____

Ellos van a la playa/lunes _____

Can you fill in the blanks below?

(kwahl)   *(FAY-chah)*
1. ¿Cuál es la fecha de hoy?
   What   date

Hoy es _____ 14 _____ junio.

106

(koom-play-AH-nyohs)

2. ¿Cuándo es su cumpleaños? Mi cumpleaños es el _____
   birthday

   de _____ .

(nah-bee-DAHD)

3. ¿Cuándo es la Navidad? La Navidad es _____ 25
   Christmas

   _____ diciembre.

(PAHS-kwah) *(floh-REE-dah)*

4. ¿Cuándo es la Pascua   florida este año? Este año la Pascua florida
   Easter

   es el _____ de _____ .

(ahk-SYOHN)

5. ¿Cuándo es el Día de Acción de Gracias en los Estados Unidos este año?
   Thanksgiving

   El Día de Acción de Gracias es el _____

   de _____ este año.

6. ¿Cuándo es la fiesta nacional de

los Estados Unidos? _____

107

Cross out the word or expression which does not belong in each list below.

1. el verano   el campamento   la nieve   el calor
2. junio   julio   enero   agosto
3. tienda de campaña   fogata   saco para dormir   hotel
4. llueve   nieva   hace mal tiempo   hace sol
5. México   español   francés   alemán
6. la Navidad   el Día de Acción de Gracias   su cumpleaños   la Pascua florida
7. otoño   lunes   primavera   verano

How many words can you find hidden below? Draw a circle around them following our example. There are seven more.

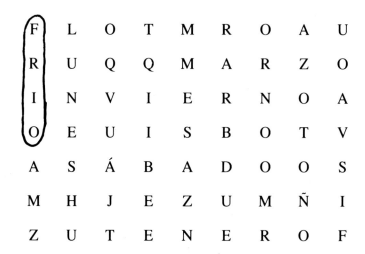

F	L	O	T	M	R	O	A	U
R	U	Q	Q	M	A	R	Z	O
I	N	V	I	E	R	N	O	A
O	E	U	I	S	B	O	T	V
A	S	Á	B	A	D	O	O	S
M	H	J	E	Z	U	M	Ñ	I
Z	U	T	E	N	E	R	O	F

El avión y el turismo

(ah-BYOHN) *(too-REES-moh)*

plane   tourism

Can you find the following persons and things in the airport scene?

(LEE-nay-ah) *(ah-AY-ray-ah)*
la línea   aérea
airline   company

(ah-dwah-NEH-roh)
el aduanero
customs agent

(ah-sah-FAH-tah)
la azafata
stewardess (Spain)

la taquilla
ticket counter

la puerta
gate

(ah-eh-roh-MOH-sah)
la aeromoza (México)
stewardess

(ehs-kah-LEH-rah) *(may-KAH-nee-kah)*
la escalera   mecánica
escalator

(pee-LOH-toh)
el piloto
pilot

(kohn-TROHL)
el control
control tower

(sehk-SYOHN) *(ay-kee-PAH-hay)*
la sección del equipaje
luggage area

(koh-pee-LOH-toh)
el copiloto
co-pilot

(kah-MYOHN)
el camión
truck

(SWAH-rays) *(SOO-bay)*
El señor Suárez   sube al avión que toma para España. Hace un viaje de negocios. Busca
gets on   which   is taking   business

(ah-SYEHN-toh)   *(behn-tah-NEE-yah)* *(LAY-ay)*   *(doo-RAHN-tay)*
un asiento junto a una ventanilla y   lee su periódico durante el vuelo. Hay otro
seat   window   reads   during   another

(sehn-TAH-doh)
señor sentado junto a él y los dos hablan un poco durante el viaje.
seated

EL SEÑOR SUÁREZ   ¿Es usted español?

(bah-kah-SYOH-nays)

EL OTRO SEÑOR   No, soy mexicano. Estoy de vacaciones. ¿Y usted? ¿De dónde es?
on   vacation

(koh-lohm-BYAH-noh)

EL SEÑOR SUÁREZ   Soy colombiano. Hago un viaje de negocios a Madrid.
I am taking

(bohs)   *(kah-pee-TAHL)*

LA VOZ DEL PILOTO   Vamos a llegar a la capital de España en cinco horas. En Madrid,
voice

(GRAH-dohs)

hace un día estupendo. El cielo está despejado y la temperatura es 28 grados
(sehn-TEE-grah-dohs)   degrees

centígrados. Muchas gracias, señoras y señores.
centigrade   ladies   gentlemen

EL OTRO SEÑOR   ¿A qué hora llegamos a Madrid?

EL SEÑOR SUÁREZ   A las tres y media de la tarde, si Dios quiere.
God willing

EL OTRO SEÑOR   ¿Por qué dice «si Dios quiere»?

(ahl-TOO-rahs)

EL SEÑOR SUÁREZ   Porque tengo miedo de los aviones y de las alturas.
heights

(say-GOO-rohs)

EL OTRO SEÑOR   ¡Qué va! Los aviones son muy seguros.
The idea!   safe

UNA VOZ   Buenas tardes, señoras y señores. No soy su piloto. El piloto está un poco
Good afternoon

(sah-kwehs-trah-DOHR)   *(pay-KEH-nyoh)*   *(KOO-bah)*

enfermo. ¡Soy su secuestrador! ¡Vamos a hacer un pequeño viaje a Cuba!
highjacker   small

See if you know how to answer the following questions about the conversation.

(TEE-poh)

1. ¿Que tipo de viaje hace el señor Suárez?
   type

2. ¿Dónde busca el señor Suárez un asiento?

3. ¿Qué lee el señor Suárez?

4. ¿De dónde es el otro señor?

5. ¿Cuándo van a llegar los pasajeros a Madrid?

6. ¿De qué tiene miedo el señor Suárez?

7. ¿Tiene miedo el otro señor?

(feen)

8. ¿Quién habla al fin?
   end

ANSWERS

1. Hace un viaje de negocios.
2. Busca un asiento junto a una ventanilla.
3. Lee su periódico.
4. Es de México.
5. Van a llegar en cinco horas.
6. Tiene miedo de los aviones y de las alturas.
7. No, no tiene miedo.
8. Habla un secuestrador.

El avión
The plane

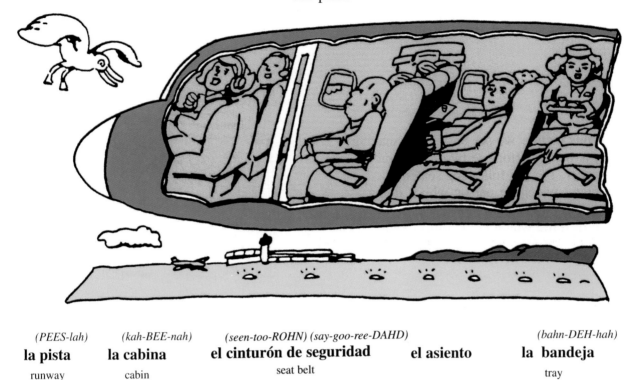

(PEES-lah)   *(kah-BEE-nah)*   *(seen-too-ROHN) (say-goo-ree-DAHD)*   *(bahn-DEH-hah)*

la pista   **la cabina**   **el cinturón de seguridad**   **el asiento**   **la bandeja**

runway   cabin   seat belt   tray

Practice the new words in the picture. Are you sure of them yet? If so, see how easily you can write in themissing word in the blanks below.

                                          (pah-SEE-yoh)

1. Quiero un _____ de pasillo.

                                     on the aisle

2. No fumo en la _____.

3. El avión está en la _____ .

4. El asiento tiene un _____ de seguridad.

          (YAY-bah)

5. La azafata Ileva una _____ .

     is carrying

          (pohr)

6. Miramos por la _____ .

    through

ANSWERS

Missing words. 1. asiento   2. cabina   3. pista   4. cinturón   5. bandeja   6. ventanilla

Algo de gramática

(AHL-goh) *(grah-MAH-tee-kah)*

Some grammar

In this picture we see an action (shaving) which is being performed by one person *on* another. For the following sentences write *actor* under the person who is doing the action and *acted upon* under the person or thing which is the object of the action:

El muchacho mira el cuadro.

El señor compra el billete.

El padre compra un periódico.

El mozo lleva la maleta.

In the first sentence: *El muchacho mira el cuadro*, the thing acted on by the boy is *el cuadro*. If we want to change *el cuadro* to "it" (the boy looks at *it*), we substitute **lo** for *cuadro*: *El muchacho lo mira*. Notice we have placed **lo** in front of the verb **mira**, while in the English sentence *it* comes after the action. So, we can say that the pattern we follow here is:

(subject)   (direct object)   (verb)

actor + person or thing acted upon + action.

The chart below shows you what forms we use to say *him*, *her*, *it*, *you* (singular), *them*, *you* (plural), when persons or things are acted upon by someone else.

SINGULAR DIRECT OBJECTS	PLURAL DIRECT OBJECTS
him—*lo* her—*la* it (masc.)—*lo* it (fem.)—*la* you (masc.)—*lo* you (fem.)—*la*	them (masc.)—*los* them (fem.)—*las* you (masc.)—*los* you (fem.)—*las*

(may)

When *I* am acted upon by someone or something, I use **me**: *El muchacho me mira*. When *we* are acted upon, we use **nos**: *El muchacho nos mira*. For the familiar form for *you* (singular)

(tay)

you will hear **te**. We mention this last form simply so you can recognize it if you see it or hear it. But remember not to use it unless you are on quite close terms with a person.

112

In the sentences below underline the person or thing acted *upon* (the direct object). Then, write above it the word from the chart that you could substitute for it. Finally, re-write the sentence underneath the original sentence. Be sure to use the right substitution word and remember to place it *in front* of the verb.

Follow our example: Mi familia vende la casa.
　　　　　　　　　　　　　　　is selling
　　　　　　　　　　Mi familia *la* vende.

(een-strook-SYOH-nays)

1. Entiendo las instrucciones.

    _____

2. Ella bebe la gaseosa.

    _____

3. Pido la dirección.

    _____

4. Mi padre saca los billetes.

    _____

5. Escriben el número.

    _____

(pah-sah-POHR-tay)
6. Tengo el pasaporte.

    _____

(behr-DAHD)
7. Digo la verdad.
　　truth

    _____

8. Conduzco el coche.

    _____

9. Buscamos los fósforos.

    _____

10. El mozo devuelve las maletas.

    _____

Can you answer these easy questions? Use one of the substitution words we have just learned (**lo, la, los, las**) for the words which are indicated. Be careful to place it *in front of* the verb. Of course, you will also have to change the verb to the **Yo** form. Here's an example:

¿Compra usted el periódico?　　　　　　　　　Sí, lo compro.

1. ¿Busca usted el hotel?　　　　　_____

2. ¿Dice usted la verdad?　　　　　_____

3. ¿Saca usted los billetes?　　　　_____

(SAHN-weech)
4. ¿Come usted el sandwich?　　　_____

5. ¿Pide usted la dirección?　　　　_____

6. ¿Devuelve usted el talón?　　　　_____

113

7. ¿Tiene usted la llave? _____

8. ¿Quiere usted ese asiento? _____

(ehs-koor-SYOHN)   *(pohr)*

Una excursión por Madrid
A tour around Madrid

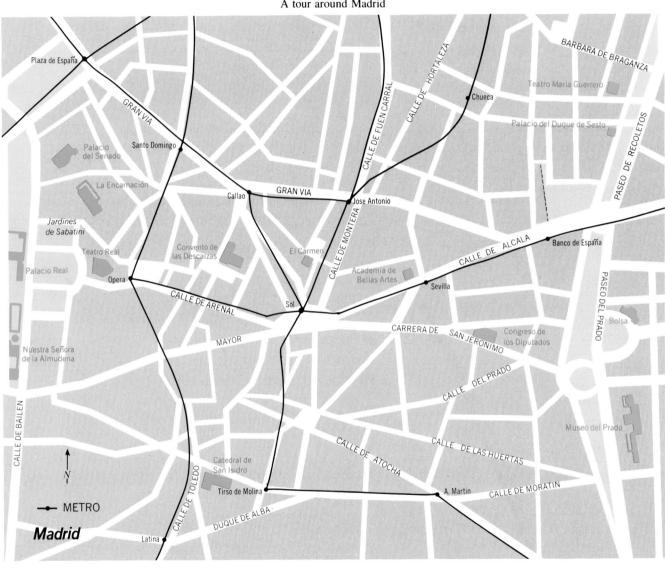

(GHEE-ah)   *(DAH-mas)* *(kah-bah-YEH-rohs)*   *(LEES-tohs)*   *(koh-mehn-SAHR)*

EL GUÍA   **Buenas tardes, damas y caballeros. ¿Están ustedes listos? Vamos a comenzar**
guide   ladies   gentlemen   ready   to begin

nuestra excursión.

(The tourists get on the bus and take their seats.)

EL SEÑOR SMITH *(to the lady next to him)* **Ésta es la primera vez que estoy en la ciudad de**
(behs)
time that

Madrid. Quiero conocer bien la capital de España durante mis dos semanas de
(koh-noh-SEHR) to get to know *(doo-RAHN-tay)* during

vacaciones.

LA SEÑORA **Aquí a su derecha usted puede ver el Museo del Prado con las mejores**
(deh-RAY-chah) right *(behr)* *(PRAH-doh)* to see *(meh-HOH-rays)* best

pinturas del arte español.
(peen-TOO-rahs) *(AHR-tay)*
paintings

EL SEÑOR SMITH **Prefiero los cuadros de Norman Rockwell.**
(pray-FYEH-roh)
I prefer

LA SEÑORA **Ah, ¿sí? ¿Quién es Norman Rockwell?**
(kyehn) Who

EL SEÑOR SMITH **Un famoso pintor norteamericano.**
(peen-TOHR) *(nohr-tay-ah-meh-ree-KAH-noh)*
painter

LA SEÑORA **Ahora pasamos cerca del Buen Retiro, el parque de Madrid.**
(bwehn) *(rray-TEE-roh)* *(PAHR-kay)* park

EL SEÑOR SMITH **No es como el Parque Central de Nueva York.**
(sehn-TRAHL)
like

LA SEÑORA **Aquella fuente hermosa se llama la Cibeles. Y en esta plaza vemos el**
(FWEHN-tay) fountain *(see-BAY-lays)* *(PLAH-sah)* *(BAY-mohs)* we see

Correo.
(koh-RRAY-oh)
post office

EL SEÑOR SMITH **¿Adónde vamos ahora?**

LA SEÑORA **Al Madrid Viejo, a la Plaza Mayor. Vamos a tomar un chato de vino en las**
(BYEH-hoh) old *(mah-YOHR)* main drink *(CHAH-toh)* glass

Cuevas de Luis Candelas.
(KWAY-bahs) *(lwees)* *(kahn-DAY-lahs)*
caves

EL SEÑOR SMITH **Señora, ¿cómo sabe usted tanto?**
(TAHN-toh)
so much

LA SEÑORA **¡Porque soy la esposa del guía!**

Please circle the right answer in parentheses following each question below:

1. ¿Qué es el Prado? (un museo de arte, una iglesia, una estación)
2. ¿Qué es el Retiro? (un edificio, el correo, un parque)

115

3. ¿Cómo se llama una fuente de Madrid?   (el Prado, la Cibeles, Luis Candelas)

4. ¿Dónde está el correo de Madrid?   (en el Madrid Viejo, en la Plaza Mayor, en la Plaza de la Cibeles)

5. ¿Qué van a tomar en las Cuevas de Luis Candelas?   (agua, leche, vino)

Now, let's try some review of *lo, la, los, las* which we learned earlier. Fill in the spaces with the right one which would take the place of the words written above the blanks. Say each sentence aloud to get used to the position of the *lo, la, los, las in front of* the verb.   Then say what each sentence means in English. The first sentence has already been done for you as an example.

(las pinturas)

1. _____ Las _____ miramos en el museo.

   We look at them in the museum.

(los billetes)

2. Mi padre _____ paga en la taquilla.

   pays for

(el horario)

3. _____ entiendo.

(el viaje)

4. _____ hago en enero.

(la fruta)

5. _____ comemos en el cuarto del hotel.

(la gaseosa)

6. _____ bebemos en el bar.

ENTERTAINMENT

(dee-behr-SYOH-nays)

Diversiones

12	*(tay-AH-troh)* **El teatro** theater	**y** and	*(FYEHS-tahs)* **las fiestas** celebrations

John and Ann are a middle-aged couple from Omaha, Nebraska, who for the first time take a trip to Spain. They like the theater and are fairly well educated. The place is Madrid on the second day of their stay. Being of Spanish descent, they both speak Spanish quite well. ''Not one word of English during our vacation,'' they decide.

EL TEATRO

JOHN   ***(ah-boo-REE-doh)***
¿Vamos al teatro esta noche? Estoy aburrido aquí en el hotel.
Shall we go   bored

ANN   ***(preen-SAY-sah)(POH-nehn) (dohn)   (tay-NOH-ryoh)***
¿Por qué no? En el Teatro Princesa   ponen el *Don Juan Tenorio*
princess   they're putting on

(soh-RREE-yah)   (DRAH-mah) (rroh-MAHN-tee-koh)
de Zorrilla, un drama   romántico.

JOHN   ***(ehs-too-PEHN-doh)   (ee-DAY-ah) (hay-NYAHL)***
¡Estupendo! ¡Una idea   genial!
Great!   brilliant idea

ANN   ***(bahs-TAHN-tay)   (OH-brah)***
¿Sabemos bastante español para entender la obra?
enough   work

JOHN   ***(KLAH-roh)***
¡Claro!
Of course

ANN   ***(ah-boo-RREE-dah)***
Si no entiendo mucho, voy a estar aburrida.
bored

JOHN   ***(ehn-TOHN-says)   (dohr-MEER)***
Entonces, puedes dormir un poco.
Then   sleep

(Ann knows a little about the plot of Don Juan Tenorio.)

ANN   ***(PYAY-sah)***
No quiero ir. Prefiero no ver esa pieza.
play

117

(moo-HEHR)

JOHN   **Pero, ¿por qué, mujer?**
                 woman

(BAH-ryahs)   *(ehs-SAY-nahs)*   *(ehs-PEHK-trohs)*

ANN   **¿No hay varias   escenas de   espectros en la pieza?**
          several   scenes   ghosts

JOHN   **¿Y qué?**
       So what

(pwehs)

ANN *(Timidly)*   **Pues, ¡tengo mucho miedo de ellos! ¿Por qué no vamos al cine?**
            well

(CHAH-toh)   *(sehr-BAY-sah)*

¡O tomamos un chato de vino o una cerveza!
         glass   beer

Often the romantic play *Don Juan Tenorio* is staged during the month of November in

(dee-FOON-tohs)

conjunction with the celebration of the *día de los Difuntos* (the Day of the Dead, All Souls Day) (November 2), a holiday with a few touches that could remind us of our Halloween. Some scenes of the play take place in a graveyard with apparitions and ghosts.

Dormir, ver
To sleep, to see

Here are two new verbs. Notice that the first one is of the "shoe" type. The second one is like the *er* verbs we have seen before, but in this case we only drop the *r* before adding the ending for the *yo* form.

Give yourself some practice with them by writing them. Say the forms enough times to be confident of them.

(dohr-MEER) **DORMIR = TO SLEEP**		*(behr)* **VER = TO SEE**	
(DWEHR-moh) **yo duermo**	*(dohr-MEE-mohs)* **nosotros dormimos**	*(BAY-oh)* **yo veo**	*(BAY-mohs)* **nosotros vemos**
(DWEHR-mays) **(tú duermes)**		*(bays)* **(tú ves)**	
él **ella** *(DWEHR-may)* **usted duerme**	**ellos** **ellas** *(DWEHR-mehn)* **ustedes duermen**	**él** **ella** *(bay)* **usted ve**	**ellos** **ellas** *(behn)* **ustedes ven**

Now try filling in the right form of **dormir** or **ver**. The sentence itself should give you a clue as to which of the two you should use.

1. Yo no _____ el cuadro.   2. Ella _____ en la cama.   3. Nosotros

_____ en el cuarto.   4. Ustedes _____ una pieza de teatro.

(dehs-PWEHS)

5. Ellos _____ ocho horas después del viaje.   6. Nosotros _____ el

after

campo por la ventanilla del tren.   7. Yo _____ durante mi viaje en el avión.   8. ¿No

_____ usted aquella pintura?

The two *tener* expressions, *tener miedo de* and *tener ganas de,* mean: *to be afraid of* and *to feel like.* Try saying the following sentences aloud. Each time substitute one of the words or expressions in parentheses for the part of the sentence in italics.

Tengo miedo de *los coches.* **(las alturas, los aviones, los gatos) Tengo ganas de** *ver una película.*
(leer el periódico, ir al cine, dormir ocho horas)

LAS FIESTAS
Celebrations

JOHN **Las fiestas españolas son**

(een-teh-ray-SAHN-tays)
muy interestantes
interesting

(dee-feh-REHN-tays)
pero son muy diferentes de las
from

(kohs-TOOM-brays) *(nohr-tay-ah-meh-ree-KAH-nahs)*
costumbres   norteamericanas.
customs   North American

(BEES-peh-rah)   *(NWAY-boh)* *(een-tehr-nah-syoh-NAHL)*
Claro, la víspera del Año Nuevo es internacional pero
eve   New Year

(pehr-SOH-nahs)   *(AHN-tays)*
en Madrid muchas personas van a la Puerta del Sol un poco antes de la medianoche.
(an important square in Madrid)   before

ANSWERS

Fill-in sentences. 1. veo **2.** duerme **3.** dormimos **4.** ven **5.** duermen **6.** vemos **7.** duermo **8.** ve

119

(goh-berh-nah-SYOHN)
Cuando el reloj de la Gobernación   da las doce,
Interior Department   strikes

(OO-bah)   (kahm-pah-NAH-dah)
las personas comen una uva por cada campanada.
grape for   each   stroke of the bell
(TOH-dahs)
Si una persona puede comer todas las doce uvas antes
all

(feen)   (SWEHR-tay)   (PROHK-see-moh)
del fin de las campanadas, va a tener suerte durante el próximo año.
end   he is going to be lucky during the next year

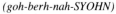

ANN   **¿Y si no las come?**

(MAH-lah)
JOHN   **Un año de mala suerte.**
bad luck

(RRAY-yays)(MAH-gohs)
ANN   **También es interesante el día de los tres Reyes   Magos,**
Three Kings   wise men

el 6 de enero.

(rray-GAH-lohs) (NEE-nyohs)
Los Reyes Magos dan regalos a los niños.   Tú eres
gifts   children   are

(mee)
mi rey. ¿Tienes un regalo para mí?
me

(SAHN-tah)   (proh-say-SYOH-nays)
JOHN   **Durante la Semana Santa hay procesiones**
Holy Week

(rray-lee-HYOH-sahs)   (PAHR-tays) (SOH-bray)
religiosas en todas partes,   sobre todo en Sevilla.
everywhere above   all

ANN   **Muchos dicen que la fiesta nacional de España es el**

(ehs-pehk-TAH-koo-loh)   (koh-RREE-dah) (TOH-rohs)
espectáculo del verano: la corrida de   toros.
spectacle   bullfight

(say-lay-BRAHR) (nah-bee-DAHD)
JOHN   **Pero yo tengo ganas de   celebrar la Navidad.**
celebrate   Christmas

(toh-dah-BEE-ah)
ANN   **Claro, ¡porque todavía eres niño!**
still   child

There are certainly plenty of holidays in Spain (and Latin America).
Can you write the names of the Spanish holidays and celebrations depicted below?

1. _____   2. _____

3. _____   4. _____

5. _____

Remember that we said in the previous section that the words to show a person who is acted upon follow the pattern below.

Singular	Plural
me—**me**	us—**nos**
you, fem.—**la**	you, fem.—**las**
you, masc.—**lo**	you, masc.—**los**

Using this chart, practice filling in the right forms below. Then tell what they mean. Number one has already been done.

1. Ellos ____nos____ miran. (us)   2. Yo _____ veo. (you, fem., sing.)
   They look at us.   *(poh-lee-SEE-ah)*

3. Nosotros _____ queremos. (you, fem., pl.) 4. El policía _____
              love   policeman

coge. (me)   5. Ellas _____ buscan. (you, masc., pl.)

The answers are upside down at the bottom.

ANSWERS
Fill in right form. 2. la 3. las 4. me 5. los

4. La corrida de toros 5. La Navidad
Spanish holidays. 1. La víspera del Año Nuevo 2. El día de los Reyes Magos 3. Semana Santa

121

6. Nosotros ____________ llevamos a la fiesta. (you, masc. sing.)
take

7. Yo ____________ necesito. (you, fem., plur.)

8. Ellos ____________ esperan. (us)

9. Mi padre no ____________ comprende. (me)

10. Ellas no ____________ entienden. (you, masc., sing.)

We never learned to spell very well. Can you help us by filling in the letters we're stuck on?

1. Yo d___ ___rmo en la cama.
sleep bed

2. Quiero ver una co___ ___ida de ___oros.
bull fight

3. T___ ___go g___ ___as de ver e___a pe___ ___c___l___.
I feel like that movie

4. Hay muchas pr___c___sion___s durante S___ ___ana S___ ___ta.
processions Holy Week

ANSWERS

Fill in the right form. **6.** lo **7.** las **8.** nos **9.** me **10.** lo

Fill in letters. **1.** duermo **2.** corrida, toros **3.** Tengo ganas, esa película **4.** procesiones, Semana Santa

(kah-mee-NAH-tahs)
LAS CAMINATAS Y EL HACER
hiking

(FOO-teeng)
FOOTING
jogging

(A reporter, notebook in hand, is running alongside the athlete Gálvez.)

(rray-pohr-TEH-roh)   *(GAHL-bays)*
EL REPORTERO   **¿Señor Gálvez?**

EL SEÑOR GÁLVEZ   **Sí, soy yo.**
         that's me

       (mah-NWEHL) (KAH-roh)   *(rray-BEES-tah)*
EL REPORTERO   **Soy Manuel**   **Caro, reportero para la revista *Los deportes***
                                                magazine

   internacionales.

            (ehn-tray-BEES-tah)
EL SEÑOR GÁLVEZ   **¿Quiere una entrevista?**
                    interview

     (ehk-SAHK-toh)
EL REPORTERO   **Exacto.**
   Exactly.

       (SOH-bray)
EL SEÑOR GÁLVEZ   **¿Sobre qué?**
         about

123

EL REPORTERO   ¿Puede hablar un poco sobre su vida como atleta? ¿Sobre hacer footing

(BEE-dah) *(aht-LAY-tah)*

life as

y sus caminatas por el campo?

EL SEÑOR GÁLVEZ   Claro, si usted tiene **bastante** energía para correr cinco

(bahs-TAHN-tay) *(ay-nehr-HEE-ah)*

enough

kilómetros más.

(mahs)

more

EL REPORTERO   Quiero escribir un artículo sobre usted.

(ahr-TEE-koo-loh)

article

EL SEÑOR GÁLVEZ   Practico muchos deportes. Hago footing y doy caminatas por el

(prahk-TEE-koh)

I practice   I take

campo y los parques. También **monto en bicicleta** y **sé nadar** muy bien. Soy el atleta

(MOHN-toh) *(nah-DAHR)*

I ride a bicycle   to swim

completo. Muchos otros sólo hacen footing.   Yo no. **El correr** es bueno para la

(kohm-PLAY-toh) *(SOH-loh)*

only   Not I.   running

salud y no cuesta mucho. Una persona compra un **par de zapatos** para **correr** y un

(sah-LOOD) *(pahr)* *(sah-PAH-tohs)* *(koh-RREHR)*

health   pair   shoes   to run

sudador y ya está.

(soo-dah-DOHR)

sweatshirt   that's it

(FOO-teeng)
hacer footing
to jog

(soo-dah-DOHR)
el sudador
sweatshirt

(sah-PAH-tohs)
los zapatos para correr
running shoes

EL REPORTERO   ¿Da usted muchas caminatas por el campo?

Do you take a lot of hikes   through

EL SEÑOR GÁLVEZ   **Sí, y en las montañas.**

(mohn-TAH-nyahs)

mountains

EL REPORTERO   ¿Y qué necesita una persona para practicar ese deporte?

EL SEÑOR GÁLVEZ **Una mochila,** *(moh-CHEE-lah)* **botas** *(BOH-tahs)* **cómodas** *(KOH-moh-dahs)* **y sobre todo,** *(TOH-doh)* **un par de piernas** *(PYEHR-nahs)*

backpack — boots — comfortable — above all — legs

fuertes. También es bueno llevar *(FWEHR-tays)* **un saco para dormir, una** *(SAH-koh)* **cantimplora y unos** *(kahn-teem-PLOH-rah)*

strong — sleeping bag — canteen — some

utensilios para cocinar. *(oo-tehn-SEE-lyohs)* *(koh-see-NAHR)*

cooking

EL REPORTERO *(Out of breath and panting heavily)* **Señor Gálvez, ¿no está usted muy cansado? Tiene muy buena salud. ¿Cuántos años tiene usted?**

How old are you?

EL SEÑOR GÁLVEZ **Tengo noventa y ocho años.**

I'm 98 years old.

EL REPORTERO **¡Cómo!**

What!

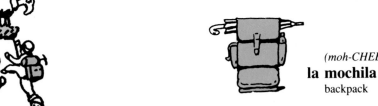

(ahl-pee-NEEZ-moh)
el alpinismo
mountain climbing

(moh-CHEE-lah)
la mochila
backpack

el saco para dormir
sleeping bag

(kahn-teem-PLOH-rah)
la cantimplora
canteen

(oo-tehn-SEE-lyohs) *(koh-see-NAHR)*
los utensilios para cocinar
for cooking

(rray-KWEHR-day)

Recuerde

Remember

In the conversation above there is another expression based on *tener: tener . . . años (to be . . . years old)*. Notice how Mr. Gálvez uses the expression at the end of the conversation.

Using the same pattern, can you tell us your own age? Use a complete sentence, write it out below and say your answer aloud.

How do you ask another person his or her age? See how the reporter did it. Write out the question and say it aloud.

_____

Can you answer these questions in Spanish about yourself?

¿Cuántos años tiene usted ahora?   ¿Cuántos años va a tener en cinco años?

¿Cuántos años va a tener en diez años?   ¿Practica usted los deportes?

¿Sabe usted nadar?   ¿Hace usted footing?   ¿Monta usted en bicicleta?

¿Da usted caminatas por el campo?   ¿Tiene usted buena salud?

Answer the questions about the pictures below. Notice we are using *esto* instead of *este, esta* to mean "this." *Esto* is a word which is neither masculine nor feminine and is used here because, before the question is answered, the asker supposedly doesn't know whether the object is masculine or feminine.

1. ¿Qué es esto?

   Es un _____

2. ¿Qué es esto?

   Es un _____

3. ¿Qué es esto?

   Es una _____

4. ¿Qué es esto?

   Son unos _____

5. ¿Qué es esto?

   Es una _____

126

(see-KLEEZ-moh)   *(nah-tah-SYOHN)*

EL CICLISMO Y LA NATACIÓN
bicycling   swimming

(The interview continues with the unbelievable Mr. Gálvez.)

(moh-toh-see-KLAY-tah)
la motocicleta
motorbike

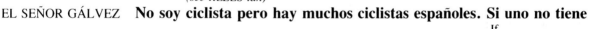

(mohn-TAHR)
EL REPORTERO   **¿Y el montar en bicicleta**
riding

(pah-sah-TYEHM-pohs)
es otro de sus pasatiempos?
pastimes

(see-KLEES-tah)
EL SEÑOR GÁLVEZ   **No soy ciclista pero hay muchos ciclistas españoles. Si uno no tiene**
                                                                          If

coche o si lo tiene pero no tiene bastante dinero para comprar gasolina, la bicicleta es

(MAY-dyoh)   *(trahns-POHR-tay)*   *(GRAHN-days)*
un buen medio de transporte. En las grandes ciudades las personas que montan en
     means   big

(fah-see-lee-DAHD)
bicicleta o en motocicleta viajan con mucha facilidad por el tráfico. Pero para subir
                                               ease   through

(koh-LEE-nahs) *(nay-say-SAH-ryoh)* *(ehm-poo-HAHR)*   *(MOH-toh)*
las colinas es necesario empujar la bicicleta, pero la moto, no.
 hills   to push   motorbike

(ohb-sehr-bah-SYOHN) *(ahs-TOO-tah)*
EL REPORTERO   **¡Una observación muy astuta!** *(He takes notes carefully.)*
                              sharp

(day-mah-SYAH-dah) *(kohn-tah-mee-nah-SYOHN)* *(AHY-ray)**
EL SEÑOR GÁLVEZ   **Y hay demasiada contaminación del aire por el tráfico en las**
                             too much   pollution   because of

(GRAHN-days)
grandes ciudades. No, la moto es un mal medio de transporte y la natación es
big   motorbike

(sah-loo-DAH-blay)
más saludable. La natación es un deporte que cuesta muy poco. Uno compra un
more healthful

(TRAH-hay)   *(pehr-soh-nahl-MEHN-tay)* *(OO-soh)* *(ehs-LEEP)*   *(GAH-fahs)*   *(yah)*
traje de baño (personalmente, yo uso un slip) y unas gafas para el agua y ya está.
bathing suit   use   trunks   goggles, glasses   that's it

(ahl-GOO-nohs) *(nah-dah-DOH-rays)*   *(brah-SAH-dah)* *(PAY-choh)*   *(ah-RRAHS-tray)*
Algunos nadadores sólo saben la brazada de pecho; otros usan el arrastre; yo,
Some   swimmers   breaststroke   crawl

(frahn-kah-MEHN-tay) *(mah-EHS-troh)*   *(ehs-PAHL-dah)*
francamente, soy maestro del arrastre de espalda.
frankly   a master   backstroke

*First syllable sounds like *eye*.

127

EL REPORTERO   **¡Qué gran atleta!**
                great

                    (KRAY-oh)   *(may-DAH-yah) (OH-roh)*
EL SEÑOR GÁLVEZ   **¡Ya lo creo! Como usted ve, llevo aquí en el slip la medalla de oro.**
                   I should say so! As   I am wearing   medal   gold

(seeg-nee-FEE-kah)   *(mee-NOO-tohs) (BAH-hoh)*   *(seen)*   *(rrays-pee-RAHR)*
Significa que puedo nadar treinta minutos   bajo el agua sin   respirar.
It means   underneath   without breathing

(ehm-poo-HAHR)
empujar
to push

(GAH-fahs)
las gafas
para el agua
water goggles

(TRAH-hay)
el traje
de baño
bathing suit

(nah-DAHR)
nadar
to swim

la brazada de pecho

el arrastre

el arrastre de espalda

EL REPORTERO   **Señor Gálvez, usted es un gran atleta y un gran hombre.**

                    (toh-REH-roh)
EL SEÑOR GÁLVEZ   **También soy torero.**
                             bullfighter

Let's see if you can answer the following questions about yourself.

¿Sabe usted montar en bicicleta? ¿Es el ciclismo uno de sus pasatiempos? ¿Sabe usted nadar?
                    (pees-SEE-nah)   *(mahr)*
¿Dónde nada usted, en una piscina o en el mar? ¿Qué lleva usted para nadar?
                    pool   sea   What do you wear

Recuerde
Remember

You may have noticed in the preceding conversation that certain adjectives appear in front of the word they describe. This can often happen with **bueno, malo,** and **grande,** but if it does, you should know that in front of masculine singular words *bueno* and *malo* shorten to **buen** and **mal,** respectively. Examples: *un buen medio de transporte, un mal medio de transporte*. The word **grande,** on the other hand, shortens to **gran** before either a masculine or a feminine word if it is singular. Examples: *un gran hombre, una gran mujer*. In cases like these, **gran** is often equivalent to *great* in English while **grande** means big or large.

Bearing these things in mind, rewrite the following phrases and move the descriptive word immediately in front of the person or thing it describes.

1. Un hombre bueno _____

2. Una mujer buena _____

3. Una hija mala _____

4. Un hijo malo _____

5. Un edificio grande _____

6. Una casa grande _____

7. Un hotel bueno _____

8. Una señora buena _____

Please give yourself some practice by filling in the blanks below.

1. ¿Qué es esta persona?

Es un _____

2. ¿Qué es esto?

Son _____

3 ¿Qué hace el nadador?

Hace la _____

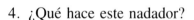

4. ¿Qué hace este nadador?

Hace el _____

5. Y este nadador, ¿qué hace?

Hace el _____

129

¿Me . . . Da?

Will you give . . . to me?

Now you need to know how to say *to me, to him, to her,* etc. This is very easy. *To me* and
to us look just like **me** and **nos** which we learned earlier. The familiar form for *you,* which is
used only between close friends, looks like the word **te** which you already know. For all the other
forms, you use **le** for the singular and **les** for the plural. Here's a diagram that sums it up for you:

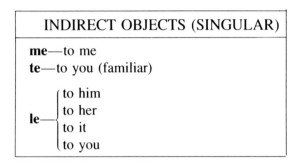

INDIRECT OBJECTS (SINGULAR)
me—to me
te—to you (familiar)
le — { to him / to her / to it / to you }

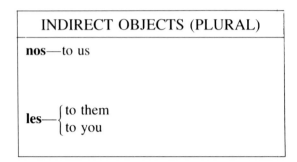

INDIRECT OBJECTS (PLURAL)
nos—to us
les — { to them / to you }

Sometimes the indirect object pronoun indicates the idea of *for* as well as *to.*

Can you circle the right word among the possibilities offered for each sentence below.

1.
    Lo
Le dan un cheque.
    La
They give him a check. (In other words: They give a
check *to him.*)

2.
   (HAY-fay) las
El jefe   los habla ahora.
        les
The boss speaks to them now.

3.
    lo
Yo **le** hablo en la calle.
   nos
I speak to him on the street.

TO ME, TO YOU, TO HIM

4.
    nos
Nosotros me decimos la verdad.
    les
We tell them the truth.

5.
    los *(ahl-KEE-lahn)*
Ellos **les** alquilan un coche.
    las
They rent a car for them.

ANSWERS

Circle. 1. Le 2. les 3. le 4. les 5. les

Fill in the blanks below with the correct words from the list of indirect objects. Notice that these words should also come before the verb.

1. Ellos _____ venden un periódico.   (to me)

2. El mozo _____ devuelve las maletas.   (to them)

3. Yo _____ doy el talón.   (to him)

4. Ella _____ habla.   (to us)

5. Su familia _____ escribe.   (to her)

6. Su hijo no _____ dice la verdad.   (to you, plural)
   tell

7. El jefe _____ paga el dinero.   (to us)
   (HAY-fay)   *(dee-NEH-roh)*
   boss   money

8. El patrón _____ habla.   (to me)
   (pah-TROHN)
   boss

9. Su padre _____ lee el artículo. (to you, singular)
   reads

10. El pasajero _____ pregunta la hora.   (to me)

131

ORDERING FOOD

(BAH-mohs) *(pay-DEER)* *(koh-MEE-dah)*
Vamos a pedir comida

14	*(koh-MEE-dahs)* **Las comidas** Meals/Food

(GOOS-tah)
Me gusta comer.
I like

(POHN-goh) *(DYAY-tah)*
Mañana me pongo a dieta.
I go on

What to Say When You *Like* Something

(goos-TAHR)
Gustar (to be pleasing *to*) is preceded by the words which we learned in the last section which mean *to* or *for*: **me, (te), le, nos, les**. When the child on the next page says: "Me gusta el
(ay-LAH-doh)
helado," in Spanish he means literally "Ice cream is pleasing to me." This is how we express
ice cream
the idea of "to like" in Spanish. If the thing that is or is not pleasing (is liked or disliked) is
(lay-GOOM-brays)
plural, we use the plural "they" form of the verb **gustar:** No me gust**an** las legumbres.
Otherwise, we use the singular "it" form: Me gust**a** el helado. If an action is liked or
disliked (is pleasing or displeasing), we also use
gusta (the "it" form) followed by the infinitive
of the verb: *Me gusta comer.* Remember that
we will always use **me, (te), le, nos** or **les**
to show *to whom* the thing is pleasing.
The chart at right shows the pattern to follow:

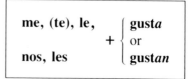

me, (te), le,	+	gust**a** or gust**an**
nos, les		

132

Me gusta el helado. *(ay-LAH-doh)*
ice cream

No me gustan las legumbres. *(GOOS-tahn)* *(lay-GOOM-brays)*
vegetables

In the sentences below, write *gusta* or *gustan*, depending on whether the thing that is liked or disliked (is pleasing or displeasing) is singular or plural. Then say the sentences aloud several times.

1. Me _____ las legumbres.

2. Me _____ comer.

3. Me _____ el helado.

4. No me _____ las comidas.
meals

5. No me _____ los deportes.

6. Me _____ la natación.

Now, here are some words from previous sections of our book: (1) two singular nouns, (2) two plural nouns, (3) two verbs in the infinitive form. Following the two patterns we have seen (**me gusta, me gustan**), use each of the words in a sentence to express your likes or dislikes about them. Start your sentence with *(No) Me gusta* or *(No) Me gustan*, and place the thing liked or disliked afterwards.

1. _____ el avión
(singular noun)

2. _____ los museos
(plural noun)

3. _____ las fiestas
(plural noun)

4. _____ correr
(infinitive)

5. _____ la natación
(singular noun)

6. _____ nadar
(infinitive)

Notice how we use **a** in the following sentence: *A mis amigos no les gusta nadar.* This **a** comes from the idea of "to be pleasing *to.*" It is always used if a word identifying the person or persons pleased happens to appear, in this case, *amigos.* Nevertheless, we still keep the redundant *me, (te), le, nos,* or *les.* Of course, whether we use *me, (te), le, nos,* or *les* will depend on who is pleased. EXAMPLES: *A Juan le gusta comer.* (John likes to eat.) *A los niños no les gustan las legumbres.* (The children don't like the vegetables.)

Want more practice? You can do this and the previous exercise as often as you wish just by choosing more names and action words from the earlier parts of our book.

Verbos adicionales

You will see below two more action words of the "shoe" type. The first one changes the second *e* to *ie*; the other one changes *e* to *i*. Practice writing them out and saying them aloud:

(pray-feh-REER) **PREFERIR = TO PREFER**			
(pray-FYEH-roh) **yo prefiero**	*(pray-feh-REE-mohs)* **nosotros preferimos**	**yo** _____	**nosotros** _____
(pray-FYEH-rays) **(tú prefieres)**		**(tú prefieres)**	
él **ella** *(pray-FYEH-ray)* **usted prefiere**	**ellos** **ellas** *(pray-FYEH-rehn)* **ustedes prefieren**	**él** **ella** **usted** _____	**ellos** **ellas** **ustedes** _____

(sehr-BEER) **SERVIR = TO SERVE**			
(SEER-boh) **yo sirvo**	*(sehr-BEE-mohs)* **Nosotros servimos**	**yo** _____	**nosotros** _____
(SEER-bays) **(tú sirves)**		**(tú sirves)**	
él **ella** *(SEER-bay)* **usted sirve**	**ellos** **ellas** *(SEER-behn)* **ustedes sirven**	**él** **ella** **usted** _____	**ellos** **ellas** **ustedes** _____

Most tourists, when they arrive in Spain, are surprised to discover that the food is not spicy hot. In reality, the regional dishes of Spain will strike you as relatively mild, but certainly delicious. It is the Mexican cuisine which will sometimes cause a three-alarm fire in your mouth, largely because of the chili which is added to many specialties. Every tourist, when he gets to Spain,

(pah-AY-yah) *(bah-lehn-SYAH-nah)*

needs to sample such succulent dishes as *paella a la valenciana* (made from rice with saffron,

(koh-SEE-doh)

chicken, and a variety of shellfish, including shrimp). Madrid is noted for its *cocido*
stew

(mah-dree-LEH-nyoh)   *(lay-chohn-SEE-yoh)* *(ah-SAH-doh)*   *(nah-BAH-rrah)*

madrileño, as well as its *lechoncillo*   *asado.* From Navarra in northeastern Spain comes
of Madrid   suckling pig   roasted

(TROO-chah)   *(ahn-dah-loo-SEE-ah)*

trucha a la navarra (trout stuffed with ham). The region of *Andalucía* in southern Spain has
trout

(gahs-PAH-choh)

produced the well-known cold soup, *gazpacho* (a chilled tomato soup, with some olive oil

134

and vinegar, to which are added chopped vegetables and croutons . . . almost like soup and salad in one). The order in which courses are served is as follows: appetizers, soup, salad, fish, meat (with potatoes or rice), dessert, coffee. The coffee, which is served following the meal, is strong and black, an *espresso* coffee. For breakfast, however, one drinks *café con leche* (half hot coffee, half hot milk). More about eating habits later.

(kah-FAY) (LAY-chay)
coffee with milk

When you're traveling, the right breakfast can get your day off to a good start.

EL DESAYUNO
(day-sah-YOO-noh)
breakfast

(rrehs-tow-RAHN-tay) *(bah-RAH-toh)*
un restaurante barato
inexpensive

(PAH-bloh)   *(day-sah-yoo-NAHR-say)*
PABLO **¿A qué hora le gusta desayunarse?**
to eat breakfast

JUANA **A las ocho.**

(pray-FYEH-roh)
PABLO **Yo prefiero tomar el desayuno a las ocho**
prefer   to eat breakfast
menos cuarto.

JUANA **¿Le gusta el café con leche o el café solo?**
alone

PABLO **No me gusta el café. Prefiero tomar té.**
to drink
(SEER-bay)
Mi madre siempre lo sirve.
serves

JUANA **¿Come usted mermelada y mantequilla**
(pahn) (tohs-TAH-doh)
con el pan tostado?
toast

PABLO **¡Qué va! No me gusta el pan tostado.**
(sehr-BEE-mohs)   *(DOOL-say)*
Servimos pan dulce en nuestra familia.
we serve   sweet rolls
(HOO-goh) (nah-RAHN-hah)
JUANA **¿Y el jugo de naranja? ¿Le gusta?**
orange juice

PABLO **No, no me gusta. Prefiero tomar**
(toh-MAH-tay)
jugo de tomate.
tomato
(Kah-RAHM-bah)
JUANA **¡Caramba! ¿Cómo, pero cómo vamos a**
Darn it
viajar juntos?
together

Fill in the blanks with the new words and practice saying them aloud several times.

(kah-FAY) (kohn) (LAY-chay)
el café con leche

_____

(tay)
el té
tea

_____

(mehr-may-LAH-dah)
la mermelada

_____

(mahn-tay-KEE-yah)
la mantequilla

_____

135

(pahn)(tohs-TAH-doh)
el pan tostado

_____

(HOO-goh)   (nah-RAHN-hah)
el jugo   de naranja

_____

(DOOL-say)
el pan dulce
sweet rolls

_____

(toh-MAH-tay)
el jugo de tomate

_____

Now, fill in the blanks below with the missing words. Then, read the sentences aloud to see if you understand them.

1. ¿A usted _____ gusta desayunarse a las seis de la mañana?

(mee)
2. A mí no _____ gusta el café con _____ .
me

3. A nosotros _____ gusta el pan con mantequilla.

4. _____ Pablo no le _____ el jugo de naranja; él

prefiere _____ jugo de tomate.

Fill in the blanks below and be sure to say the words in Spanish.

(kah-LYEHN-tays)
1. Dos bebidas calientes: _____ y _____
hot

2. Dos jugos: _____ y _____

3. Dos tipos de pan: _____ y _____

(poh-NAY-mohs)
4. Dos cosas que ponemos en el pan: _____ y _____
we put

Using the pictures and Juana and Pablo's conversation, see if you can answer the following questions with complete sentences in Spanish. Say both the questions and the answers aloud.

1. ¿A qué hora le gusta a usted tomar el desayuno?

_____

2. ¿Cuál le gusta más, el café con leche, el café solo o el té?
   which one   most

_____

3. ¿Prefiere usted el jugo de naranja o el jugo de tomate?

_____

4. ¿Qué come usted con el pan tostado?

_____

LA MESA
The Table

(KOH-pah)
la copa

(BAH-soh)
el vaso

(TAH-sah)
la taza

(sahl)   *(pee-MYEHN-tah)*
la sal y la pimienta
salt   pepper

(ah-SOO-kahr)
el azúcar
sugar

(sehr-bee-YAY-tah)
la servilleta

(plah-TEE-yoh)
el platillo

(koo-CHEE-yoh)
el cuchillo

(tay-nay-DOHR)
el tenedor

(koo-chah-REE-tah)
la cucharita
teaspoon

(PLAH-toh)
el plato

Europeans handle the knife and fork differently from what we're used to. They hold the knife in the right hand and the fork in the left, but they do not change hands to raise the food to the mouth. The fork, in other words, is always kept in the left hand. Also, it is considered improper to lay the hands on the lap while eating. They are kept above the table, with the bottom of the forearm resting on the edge of the table at a 45° angle.

Now draw a line from the items in Column 1 which you might associate with those in Column 2. Sometimes several possibilities exist.

(kohr-TAHR)
1. cortar
   to cut

        A. el platillo

2. la cucharita

        B. el vaso

3. la taza

        C. el pan dulce

4. el jugo de naranja

        D. el cuchillo

5. el azúcar

        E. comer

6. el tenedor

        F. el té

7. el jugo de tomate

        G. el café con leche

8. la mantequilla

        H. el pan tostado

ANSWERS

1. cuchillo
2. comer, el té, el café con leche
3. el platillo, el té, el café con leche
4. el vaso
5. el té, el café con leche
6. comer
7. el vaso
8. el cuchillo, comer, el pan tostado

(koh-MEE-dah)
LA COMIDA
afternoon meal

Following is a list of the courses of the above meal in the order in which they are normally served. Try saying them aloud a number of times. Of course, you can start the wine whenever you like.

(ehn-tray-MAY-says) (SOH-pah) (ehn-sah-LAH-dah) (lay-GOOM-brays) (pehs-KAH-doh) (KAHR-nay) (POHS-tray)

los entremeses, la sopa, la ensalada, las legumbres, el pescado, la carne, el postre

appetizers   soup   salad   vegetables   fish   meat   dessert

Now, can you say the courses aloud, in order, and from memory? Try it a number of times.

Try answering the following questions about *la comida*. Say the questions and answers aloud.

(pree-MEHR)

1. ¿Cuál es el primer plato de la comida? (Notice that *primero* shortens to *primer* before a
course

   masculine singular word.)

   _____

2. ¿Qué platos le gustan más?

   _____

ANSWERS

1. los entremeses   2. Me gustan más _____.

139

3. ¿Qué bebe usted en un vaso?

_____

(KOHR-tah)

4. ¿Qué cosa corta usted con un cuchillo?

_____

5. ¿Qué bebe usted en una taza?

_____

(AHN-tays)

6. ¿Qué plato sirven antes del postre?
   before

_____

(OOL-tee-moh)

7. ¿Cómo se llama el último plato de la comida?
   last

_____

8. ¿Prefiere usted el pescado o la carne?

_____

9. ¿Qué plato de la comida le gusta más?

_____

Is your mouth watering by now? So is ours.

(SAY-nah)

LA CENA
evening meal

(EHN-tray)

En España sirven la comida entre las dos
between

y las tres de la tarde. Los españoles
(SAY-nahn)
cenan a las diez de la noche. Muchos turistas
eat the evening meal

(AHN-tays)
americanos tienen hambre antes de esta
before

(tehm-PRAH-noh)
hora. ¿Tiene usted hambre antes de las diez de la noche? ¿Le gusta cenar temprano? Es
early

(meh-rehn-DAHR)   *(ahl-mohr-SAHR)*
posible merendar a las siete. También usted puede almorzar entre el desayuno y la
to have an early evening snack   to eat lunch

(boh-kah-DEE-yoh)
comida. Si tiene hambre al mediodía, puede comer un sandwich o un bocadillo.
sandwich on a hard roll

(hay-neh-rahl-MEHN-tay)   *(lee-HEH-rah)*   *(KAHL-doh)*   *(tohr-TEE-yah)* *(WAY-bohs)*
Generalmente la cena es ligera: una taza de caldo, una ensalada, una tortilla de huevos,
generally   light   broth   omelet

(hah-MOHN) *(yohrk)*   *(KAY-soh)*   *(tee-YEHN-eh)*
jamón de York, y queso, de postre. Si usted tiene sed, puede tomar un vaso de
boiled ham   cheese   for   thirsty

(sahn-GREE-ah)
sangría (a cold drink containing red wine, mixed fruit and brandy).

Below are the names of the five possible times to eat during the day. Can you write them out and say them aloud in the right order? We wouldn't suggest you try them *all* the same day. Most Spaniards don't.

(meh-RYEHN-dah)
la merienda _____ , la comida _____ ,
early evening snack

(ahl-MWEHR-soh)
la cena _____ , el almuerzo _____ ,
lunch

El desayuno _____ .

141

NOTE: In many Spanish-speaking countries in Latin America, the custom is to have three meals, rather than five: *el desayuno* (breakfast), *el almuerzo* (lunch) y *la comida* (dinner). Hours are not necessarily as late as in Spain.

Can you show the correctness of the following statements by writing *Cierto* or *Falso* after them?

1. En España sirven la comida a las nueve de la noche. _____

2. Si tengo hambre, bebo agua. _____

3. Es posible merendar entre la comida y la cena. _____

4. Hay un almuerzo entre el desayuno y la comida. _____

5. Si tengo sed, como un bocadillo. _____

Can you supply the missing letters below?

6. Pref___ ___ ro comer un boc ___ di___ ___ o para el alm___ ___rzo.

7. La mer_____ _____nda es entre la co_____ _____da y la c_____n_____ .

8. S___rv___n una tort___ ___ ___ ___ para la cena.

El cliente pide
(day-lee-SYOH-sah)
una comida deliciosa.

(kah-mah-REH-roh) (TRAH-ay)
El camarero le   trae la
waiter   brings

comida en una bandeja.

(trah-EHR)
Traer
To bring

Practice the new verb below by saying the forms aloud until you know them. You will see that it is like other verbs whose infinitive ends in **er**, except for the *Yo* form.

(may-NOO)
El menú

TRAER = TO BRING	
(TRAHY*-goh) **yo traigo**	*(trah-AY-mohs)* **nosotros traemos**
(TRAH-ays) **(tú traes)**	
él **ella** *(TRAH-ay)* **usted trae**	**ellos** **ellas** *(TRAH-ehn)* **ustedes traen**
*Sounds like English word, try.	

143

(fay-LEE-pay)

José and Felipe go to one of the best restaurants in Madrid, one rated with five forks. The number of forks on its sign indicates its quality and cost. Restaurants with one or two forks are cheaper but not at all bad. The waiter arrives and brings the menu. They are about to order.

EL CAMARERO　**Señores, ¿qué van a pedir?**
(pay-DEER)
to order

La especialidad de la casa es nuestro
(ehs-pay-syah-lee-DAHD)
specialty

pollo asado.

JOSÉ　**Por favor, ¿nos trae primero unos**

entremeses . . . anchoas y huevos

rusos? Y luego, dos sopas de fideos.

FELIPE　**Entonces, vamos a tomar dos**

ensaladas de lechuga y tomate. Y por

favor, ¿nos trae un poco de pan?

EL CAMARERO　**Les traigo el pan y también**
I'll bring

el vinagre y el aceite en seguida.
(say-GHEE-dah)
vinegar　oil　right away

FELIPE　**También puede traer dos platos**

de judías verdes. Entonces, voy
(hoo-DEE-ahs) *(BEHR-days)*
green beans

(POH-yoh) *(ah-SAH-doh)*
el pollo asado
roasted chicken

_____

(ahn-CHOH-ahs)
las anchoas
anchovies

_____

(WAY-bohs)
los huevos rusos
deviled eggs

_____

(fee-DAY-ohs)
la sopa de fideos
noodle soup

_____

(lay-CHOO-gah) *(toh-MAH-tay)*
la ensalada de lechuga y tomate

_____

el pan

_____

(ah-SAY-tay) *(bee-NAH-gray)*
el aceite y el vinagre
oil　vinegar

_____

(TROO-chah) (OHR-noh)
a pedir una trucha al horno.
baked trout

(pehs-KAH-doh)
el pescado

_____

JOSÉ **Para mí, sólo carne. Medio pollo**
(MAY-dyoh)
half a

(fee-LAY-tay) (tehr-NEH-rah)
el filete de   ternera

_____

(ah-RROHS)
asado con arroz.
rice

FELIPE **Yo voy a pedir un filete de ternera**
fillet of veal

con patatas fritas. Por favor, ¿también

(pah-TAH-tahs) (FREE-tahs)
las patatas   fritas
french fries

_____

(boh-TAY-yah)
nos   trae una botella del vino de la casa?
bottle   house wine

EL CAMARERO   **¿Y de postre? ¿Un flan?**
(flahn)
dessert   caramel custard

(OO-bahs)
las uvas
grapes

(FROO-tah)
¿Fruta? . . . ¿Uvas?
fruit   grapes

_____

JOSÉ   **No nos gustan las uvas; preferimos**

(POH-koh)   (dehs-PWEHS)
un poco de queso. Y después, ¿nos trae
a little   afterwards

(KAY-soh)
el queso
cheese

_____

dos cafés y dos coñacs?
cognacs

(koh-NYAHK)
el coñac

el café

_____

_____

Fill in the blanks to give yourself practice with the new words. Be sure to say each one several times.

145

(sehn-TEER-say)

Sentirse bien, mal

To feel well, sick

Practice writing out the forms of the new verb below. Its endings are like those of all other verbs with the infinitive ending in **ir**. Notice, however, that it is a "shoe" type verb in which the **e** changes to **ie**. Also, you will discover that we have to place certain words in front of each form, depending on who performs the action. **Me**, **te** and **nos** look like words you already know. The *(say)* **se** will be new to you. There are certain verbs in Spanish which are always accompanied by these words. You will need to learn them as we go along. You can see that, with the infinitive of **sentirse** and **desayunarse**, we attach the word **se** to the end of the word.

SENTIRSE (BIEN, MAL) = TO FEEL (WELL, SICK)

(SYEHN-toh)
yo me siento *(sehn-TEE-mohs)* **nosotros nos sentimos**

(SYEHN-tays)
(tú te sientes)

él	**ellos**
ella *(SYEHN-tay)*	**ellas** *(SYEHN-tehn)*
usted se siente	**ustedes se sienten**

(sehr-BEE-syohs)
LOS SERVICIOS
restrooms

Can you answer these easy questions about yourself? Be sure to place **me** before the verb. Write out your answers and say both the questions and the answers aloud.

¿Se siente usted bien hoy? _____

¿Se siente usted contento (contenta) ahora? _____

¿Se siente usted triste cuando llueve? _____

¿Se siente usted cansado (cansada) al fin del día? _____

Say the following sentences aloud. Then, repeat them substituting the subjects in parentheses. Remember to change the word in front of the forms of *sentirse* according to our previous example.

Yo no me siento mal hoy. (Nosotros, Ella, Ustedes) _____

(ah-OH-rah)
Ellos se sienten bien ahora. (Usted, Yo, Ellas) _____
now
Él no se siente bien. (Usted, Nosotros, Ellos) _____

Now back to our meal. Place the numbers of the courses of the meal listed below in the blanks to show the order in which the dishes and beverages are served:

(1) entremeses (2) sopa (3) ensalada (4) legumbres
(5) pescado (6) carne (7) postre (8) bebidas
drinks

1. _____ el queso
2. _____ el tomate

3. _____ el pollo asado
4. _____ el filete de ternera

5. _____ las anchoas
6. _____ las judías verdes

7. _____ el vino de la casa
8. _____ las uvas

9. _____ la trucha al horno
10. _____ la sopa de fideos

11. _____ la lechuga
12. _____ el flan

Using the pictures and conversation on pp. 144-145, try filling in the blanks below.

1. El _____ trae el menú a la mesa.

2. La _____ de la casa es el _____ asado.

3. Primero, José y Felipe van a comer unos _____ .

4. El camarero les _____ judías verdes.

5. _____ Felipe no le gusta el pollo asado; prefiere pedir un filete de

_____ con patatas _____ .

6. Los dos van a beber una _____ del vino de la casa.

7. De postre, ellos no piden _____; prefieren el _____ .

How would you ask the following?

1. Where are the restrooms? _____

2. Please bring us _____

Below is a list of additional foods and beverages. Try ordering a meal from them. You can use the same phrases as just illustrated to make your requests.

ENTREMESES

(tohr-TEE-yah)
tortilla española
potato omelet

(ahl-BOHN-dee-gahs)
albóndigas
meatballs

SOPAS

(gahr-BAHN-sohs)
sopa de garbanzos
chickpeas

(lehn-TEH-hahs)
sopa de lentejas
lentils

ENSALADAS

(MEES-tah)
ensalada mixta
tossed

(ehn-sah-lah-DEE-yah)
ensaladilla rusa
potato salad with peas

LEGUMBRES

(ehs-PAH-rrah-gohs)
espárragos
asparagus

(ehs-pee-NAH-kahs)
espinacas
spinach

PESCADO

(kah-lah-MAH-rays)
calamares fritos
squid

(GAHM-bahs)
gambas
prawns

CARNE

(choo-LAY-tah) (SEHR-doh)
chuleta de cerdo
chop   pork

(kohr-DEH-roh)
chuleta de cordero
lamb

POSTRES

(nah-RAHN-hah)
una naranja
orange

(LEH-chay)
arroz con leche
rice pudding

BEBIDAS

(mee-neh-RAHL)
agua mineral

(rroh-SAH-doh)
vino rosado
rosé

Can you answer the following questions in Spanish? Write out the answers and say them aloud.

¿Qué va usted a comer mañana para la comida?

_____

(ah-LAY-gray)
¿Se siente usted alegre cuando bebe mucho vino?
       happy

_____

               (day-mah-SYAH-doh)
¿Se siente mal cuando come demasiado?
            too much

_____

            (kah-fay-teh-REE-ahs)
Muchos restaurantes y cafeterías sirven un plato del día que es muy barato. Es bueno
                            daily special

           (ay-koh-noh-mee-SAHR)   *(een-floo-EHN-syah)*
para los turistas que quieren economizar. Hay una influencia norteamericana en los

                                   (AY-chah)
restaurantes de servicio rápido y en la comida que sirven. Si usted echa de menos su
                    food, meals   miss

(ahm-boor-GAY-sah) (fah-boh-REE-tah)
hamburguesa   favorita, la venden en España y en México. No es muy cara. Si a usted le
hamburger

              (koh-roh-NEHL)
gusta el pollo del Coronel, también lo sirven. Pero cuando nosotros estamos en España o
             colonel

          (proh-BAHR)   *(pah-EES)*
en México, preferimos probar la comida del país. También usted puede tomar una
          to try out   country

           (teh-RRAH-sah)   *(KWEHN-tah)*
gaseosa norteamericana en la terraza de un café. Cuando usted paga la cuenta, debe
             veranda   bill

(deh-HAHR)   *(toh-dah-BEE-ah)*
dejar una propina de 10 a 15 por ciento. Si el servicio está incluido, todavía debe dejar
leave   percent   still

   (pay-KEH-nyah)
una pequeña propina.
    small

In Spain it is wise to tip frequently, but *not extravagantly*, for services you receive.

Some more about eating customs . . . In Spanish speaking countries, one does not directly touch food with the hands as much as we do in the U.S. For example, to eat a sandwich (which, by the way, will usually be served grilled), one uses a knife and fork. The same is true for toast and marmalade at breakfast, as well as for fruit (except grapes, of course). It is a real art and quite difficult to master. Can you imagine, for example, the skill required to peel an orange in one, long, unbroken strip without touching the fruit with your hands? It's easier just to order

(pray-pah-RAH-dah)
una naranja preparada, unless you have the knack.
      peeled and cut

You will have noticed by now that we have spoken mainly of fruit and cheese as the most

(TOHR-tah)   *(TAHR-tah)*
common types of desserts. Sweets, like cake *(torta)* and pie *(tarta)* are not customarily eaten after the meal, but are saved for snacktime *(la merienda)*.

Try putting the words together on each line below so that they make sense:

1. café, a, una, voy, de, taza, tomar

   _____

2. ¿están, dónde, servicios, los?

   _____

3. las, a, fritas, le, patatas, no, Felipe, gustan

   _____

4. ¿rosado, de, me, vino, una, trae, botella?

   _____

5. bien, me, hoy, siento, no

   _____

HOW'RE WE DOING?

¿Cómo andamos?

Can you match the words in the left-hand column with their *opposites* in the right-hand column?

1. a la derecha

A. cerca de

2. lejos de

B. delante de

3. detrás de

C. a la izquierda

Try writing the name of the language spoken in the countries listed below:

La Gran Bretaña _____

España _____

Rusia _____

Alemania _____

Italia _____

Francia _____

Write the letter from column 2 which corresponds to the statement in column 1.

COLUMN 1

COLUMN 2

1. _____ Tengo noventa años.

A. Un chino

2. _____ Tengo ganas de nadar.

B. Un atleta

3. _____ Traigo el menú.

C. Un mecánico

4. _____ Reparo los coches.

D. Un mozo

5. _____ Hablo chino.

E. Un viejo
old person

6. _____ Como en el restaurante.

7. _____ Conduzco el autobús.

F. Un conductor

8. _____ Vivo en España.

G. Un camarero

9. _____ Llevo las maletas.

H. Un cliente

I. Un español

ANSWERS

Matching opposites	1-C		Languages	el inglés	el ruso	el italiano		Matching	1-E	4-C	7-F
	2-A			el español	el alemán	el francés			2-B	5-A	8-I
	3-B								3-G	6-H	9-D

See how you do with this crossword puzzle:

ACROSS
1. Bullfight
2. To give
5. Breakfast
7. I know
9. To enter
11. To be
14. Night
17. To come
18. I buy

DOWN
1. To run
3. One
4. Dessert
6. Good-bye
8. To see
10. Train
12. Of the (masc.)
13. I ask for
15. Eight
16. To do

Try filling in the right forms of the verbs below:

1. Nosotros _____ (coger) un taxi.

2. Yo _____ (ser) de los Estados Unidos.
   from

3. Ella _____ (querer) comer en un buen restaurante.

4. Ustedes _____ (llegar) a la estación del ferrocarril.

5. Yo _____ (decir) la verdad.

6. El _____ (tomar) el autobús.

7. ¿_____ (poder) usted decirme dónde está el campamento?

8. Nosotros _____ (pagar) la cuenta.

9. Ellas _____ (aprender) español.

10. Usted _____ (dormir) en la cama.

11. Ustedes _____ (beber) café con leche.

12. Nosotros _____ (vivir) aquí.

Draw a line through the word which does not belong in each group below:

1. vuelo, maletas, legumbres
2. hijo, coche, abuelo
3. recepción, hotel, correo
4. hora, calle, esquina
5. junto a, a lado de, empleado

6. metro, lengua, taxi
7. camarero, medianoche, mediodía
8. país, litera, furgón
9. tanque, llanta, ducha
10. avión, estación, mes

Draw a circle around the question in parentheses which would bring about each of the following replies:

1. Mañana. (¿Quién?, ¿Dónde?, ¿Cuándo?)
2. En la calle. (¿Qué?, ¿Dónde?, ¿Cómo?)

3. Dos mil pesetas.   (¿Cuánto?, ¿Cuándo?, ¿Cómo?)

4. Es un lavabo.   (¿Quién es?, ¿Qué es?, ¿Cómo es?)

5. Es el empleado.   (¿Cómo es?, ¿Qué es?, ¿Quién es?)

6. Bien, gracias.   (¿Cómo está?, ¿Dónde está?, ¿Qué es?)

Identify the category to which the following words belong by writing "Food," "Travel," or "Entertainment" after each:

1. tren _____

2. helado _____

3. coche _____

4. cine _____

5. pollo _____

6. carretera _____

7. teatro _____

8. autopista _____

9. arroz _____

10. película _____

11. uvas _____

12. avión _____

Can you supply the missing letters in the verbs in each sentence below?

1. Yo le do__ dinero.

2. El empleado me dev ___ ___ lve diez euros.

3. Yo no ten__ __ miedo de los espectros.

4. Yo ha__ __ un viaje.

5. Nosotros escrib__mos nuestra dirección.

6. No me s__ __nto bien.

7. Ll__ __ve mucho en abril.

8. N __ __va mucho en invierno.

9. Nosotros ve__ __s el coche.

10. El camarero nos s__rve.

11. Los clientes pref__ __ren aquella mesa.

12. Nosotros cen__mos a las diez.

Draw a circle around the right word or phrase to complete the sentences:

1. Yo necesito vengo *(kohn)* con usted.
   hay   with

2. Mark es un bueno buena hijo.
   buen

3. El hotel es mal. malo. mala.

4. En verano hace mucho calor. frío. viento.

5. A Mark me les gusta viajar.
   le

6. A nosotros no nos me gusta la comida.
   les

7. Comemos la carne con una cucharita. un tenedor. una taza.

8. En España la comida es a las dos. siete. diez.

Fill in the blanks with the correct words from the list at the right:

1. Tengo veinte _____ .

2. Quieren comer porque tienen _____ .
   (POHR-kay)
   because

3. Desea beber porque tiene _____ .

4. Corremos porque tenemos _____ .

5. Tengo muchos accidentes porque no

   tengo _____ cuando conduzco el coche.

6. No tengo _____ con la lotería.
   (loh-teh-REE-ah)

prisa

suerte

años

cuidado

hambre

sed

Write **es** or **está** in the blanks below. You may wish to check back on the uses of **ser** and **estar** first.

1. El quiosco _____ en aquella calle.

2. El turista _____ suizo.

3. La muchacha _____ hermosa.

4. La puerta _____ sucia.

5. Madrid _____ en España.

6. El restaurante _____ cerrado.

7. La puerta _____ abierta.

8. Mi abuela _____ alemana.

9. ¿Cómo _____ usted?

10. El muchacho _____ junto al coche.

What would you reply to the following statements and questions?

1. ¿Cómo está usted? _____

2. Gracias. _____

3. ¿Cómo se llama usted? _____

4. ¿Cuántos años tiene usted? _____

5. ¿Qué hora es? _____

Can you name the month which follows each one listed below?

julio _____   septiembre _____   noviembre _____

What month precedes each of the following?

_____ febrero   _____ abril   _____ junio

Can you rearrange the letters below to spell the days of the week in Spanish?

obdása _____   senul _____   veeujs _____

oodgnim _____   tarmse _____

slrméeoci _____   reivsen _____

Write **me, lo, la, nos, los, las,** as the directions indicate below:

El empleado _____ ve. El muchacho quiere un periódico y

us

_____ compra en el quiosco. El camarero trae la cuenta y yo

it

_____ pago. Las muchachas _____ ven. Doy las maletas

it   me

al mozo y él _____ lleva. Pagamos los billetes y el empleado

them

_____ da a mi padre.

them

Let's see how well you remember the numbers in Spanish. Please write out the ones you find below:

213 _____   767 _____

322 _____   878 _____

433 _____   989 _____

545 _____   1215 _____

656 _____

Can you write the Spanish equivalent of the words under each blank?

1. El camarero _____ devuelve el dinero.

to him

2. El empleado _____ vende los billetes.

to them

3. No _____ gustan las legumbres.

to us

4. No _____ dicen la verdad.

to me

AT THE STORE
(TYEHN-dah)
En la tienda

16	**La tienda de ropa** *(RROH-pah)* / **las tallas,** *(TAH-yahs)*

(RROH-pah)   *(TAH-yahs)*

16 **La tienda de ropa / las tallas,**
clothing   sizes

(may-DEE-dahs)   *(koh-LOH-rays)*   *(preen-see-PAH-lays)*

las medidas y los colores principales
measurements   basic colors

Feel like shopping for clothes? Here are the words that will allow you to spend as much as you like.

(kee-TAHR-say)
Quitarse
to take off

(poh-NEHR-say)
Ponerse
to put on

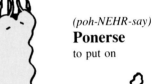

(proh-BAHR-say)
Probarse la ropa
Trying on clothes

Below are two new verbs you should practice by writing out the various forms. Be sure to say them aloud until you are confident of them. The first one is of the *er* type, but notice that the *Yo* form has a *g* before the *o*. The second verb is of the **ar** type. Both of these are **se** verbs. By that we mean that, attached to the end of the infinitive, we find the word **se**. You will remember from what we learned in the previous section that for these we always have to place *me, (te), se, nos* or *se* in front of the various forms of the verb, depending upon who is performing the action.

(poh-NEHR-say)
PONERSE

(POHN-goh)	*(poh-NAY-mohs)*		
yo me pongo	**nosotros nos ponemos**	**yo** _____	**nosotros** _____
(POH-nays)			
(tú te pones)		**(tú te pones)**	
él	**ellos**	**él**	**ellos**
ella *(POH-nay)*	**ellas** *(POH-nehn)*	**ella**	**ellas**
usted se pone	**ustedes se ponen**	**usted** _____	**ustedes** _____

(kee-TAHR-say)
QUITARSE

(KEE-toh)	*(kee-TAH-mohs)*		
yo me quito	**nosotros nos quitamos**	yo _____	nosotros _____

(KEE-tahs)		
(tú te quitas)		**(tú te quitas)**

él	**ellos**	**él**	**ellos**
ella *(KEE-tah)*	**ellas** *(KEE-tahn)*	**ella**	**ellas**
usted se quita	**ustedes se quitan**	**usted** _____	**ustedes** _____

LA ROPA DE HOMBRE

Men's clothes

¿Necesita una
(kah-MEE-sah) *(BLAHN-kah)*
camisa **blanca?**
shirt white

(TRAH-hay) *(KAY-dah)*
El traje le queda
suit fits you
(pehr-FEHK-toh)
perfecto.

ahora,
¡la
cuenta!

159

Practice writing the new words under the pictures below. Be sure to say them aloud until you know them. You will see that when we use the infinitive of a verb, we usually attach the words *me, (te), le, lo, la, se, nos, los, las, les,* to the end of it.

(kahl-say-TEE-nays)
los calcetines

_____

(kah-MEE-sah)
la camisa

_____

(kohr-BAH-tah)
la corbata

_____

(pahn-tah-LOH-nays)
los pantalones

_____

(SWAY-tehr)
el suéter
(hehr-SAY)
el jersey

_____

(A villager goes to a men's clothing store in the big city.)

(day-pehn-DYEHN-tay) *(kee-SYEH-rah)*
EL DEPENDIENTE **¿Qué quisiera*,**
clerk What would you like

señor?

(ahl-day-AH-noh) *(kah-SAHR-may)*
EL ALDEANO **Voy a casarme esta**
villager to get married

(nay-say-SEE-toh) *(NWAY-bah)*
semana y necesito ropa nueva.
I need new

Necesito ropa interior . . .
underwear

calzoncillos, camisetas . . . una

camisa blanca y una corbata
white
(NAY-grah)
negra.
black

EL DEPENDIENTE **¿Y también un**

traje nuevo?

EL ALDEANO **Sí, por favor.**
(mohs-TRAHR-may)
¿Quiere usted mostrarme un
show me
(YAY-boh) *(TAH-yah)*
traje? Llevo talla 44.
I wear size

***Quisiera** is a special form of the verb **querer** which is used to give a polite tone to a question, request or statement.

(ah-BREE-goh)
el abrigo
overcoat

_____

(pah-nyoo-WAY-loh)
el pañuelo

_____

(kahl-sohn-SEE-yohs)
los calzoncillos

_____

(kah-mee-SAY-tah)
la camiseta

_____

(GOH-rrah)
la gorra

_____

160

(pah-RAH-gwahs)
el paraguas
umbrella

(eem-pehr-may-AH-blay)
el impermeable
raincoat

_____

_____

(chah-KAY-tah)
la chaqueta

_____

(seen-too-ROHN)
el cinturón

_____

EL DEPENDIENTE   **No tenemos trajes**

en esa talla. ¿Puedo mostrarle

una chaqueta y pantalones?
    jacket   trousers

EL ALDEANO   **Muy bien. ¿Puedo**
                         can

(proh-BAHR-may)
probarme los pantalones?
try on
(He tries them on, and they are far too big for him.)

(KAY-dahn)
EL DEPENDIENTE   **¡Le quedan**
                     They fit you

(pehr-FEHK-tohs)
perfectos! Ahora, usted
perfectly.
necesita un cinturón nuevo.
               belt

(TRAH-hay)
el traje

_____

(GWAHN-tays)
los guantes

_____

(BOH-tahs)
las botas

_____

(sohm-BREH-roh)
el sombrero

_____

Write *Cierto* or *Falso* following each statement below.

1. El aldeano necesita comprar ropa nueva. _____

2. No quiere comprar ropa interior. _____

3. El aldeano lleva traje de talla 54. _____

4. Los pantalones le quedan bien. _____

5. El dependiente dice que el aldeano necesita un cinturón nuevo. _____

When a man gets dressed in the morning, in what order does he put on his clothes? Write numbers under the items below to show the sequence.

el cinturón   los calcetines   el sombrero   los calzoncillos

_____   _____   _____   _____

la corbata   la camisa   los pantalones

_____   _____   _____

Can you fill in the spaces with the Spanish for the words indicated in English below?

1. _____ la ropa por la mañana.
        I put on

2. _____ la ropa por la noche.
        I take off

(Notice that in the two sentences above we have used **la** instead of **mi** to say *my*. Generally, we use **el, la, los, las** when speaking of articles of clothing instead of **mi, su, nuestro**, etc., as long as the meaning is clear from the context of the conversation.)

3. Los pantalones _____ bien.
                  fit me

Try answering the following questions with complete sentences in Spanish.

4. ¿Dónde puede usted comprar ropa?

_____

5. ¿Compra usted ropa si no le queda bien?

_____

6. ¿Necesita usted un suéter nuevo?

_____

Otra manera de decir «necesitar»
Another way to say "to need"

> *(FAHL-tah)*
> ## HACER FALTA = TO NEED
> lack

Hacer falta follows the pattern of **gustar,** which we have already learned:

$$\text{me, (te), le, nos, les} + \begin{cases} \textbf{hace falta} \\ \text{or} \\ \textbf{hacen falta.} \end{cases}$$

It means "to make a lack *to*," that is, "to be lacking *to*." If the thing lacking is singular, use **hace falta**; if it is plural, use **hacen falta**. Note that **falta** does not change its form in these expressions. To show to whom the thing is lacking we use *me, (te), le, nos, les* before either of these two expressions. EXAMPLES: **Me hace falta un traje.** *(To me is lacking a suit* or, in other words, *I need a suit.)* **A José le hacen falta las llaves.** *(To José are lacking the keys* or, in other words, *José needs the keys.)*

Can you read the following sentences and understand their meaning?

1. Al aldeano le hacen falta unos calzoncillos.
   underpants

2. Nos hace falta un coche nuevo.
   car
   (dee-NEH-roh)
3. A los muchachos les hace falta dinero.
   money

4. Me hacen falta unas camisetas nuevas.
   undershirts

(kay-DAHR-lay)
Quedarle is another verb which follows the pattern of **gustar**. With it we also use the words
to fit someone
me, (te), le, nos, les followed by *queda* or *quedan*. See if you can understand the following sentences.

Este traje no me queda bien.

Al aldeano no le quedan bien los pantalones.

No nos queda bien esta ropa.

If you are a male and need to buy clothes, you will want to use the following sentences. Remember
(yay-BAHR)
that, when used with clothing, **llevar** means to wear. Fill in the blanks. Then write out the
sentences and practice saying them aloud.

1. En camisas, llevo talla _____ .

   _____

2. Me hace falta un traje de talla _____ .

   _____

Try saying the set phrases below. Place the article of clothing of your choice in the blanks.

1. ¿Quiere mostrarme un (una) _____ ?

2. ¿Puedo probarme un (una) _____ ?

   (ah-rray-GLAHR)
3. ¿Puede arreglar este (esta) _____ ?
   to alter

4. Este (Esta) _____ no me queda bien.

Fill in the blanks below with the words depicted.

1. Si hace frío, llevo un _____ .

   (FREHS-koh)
2. Si hace fresco, me quito el abrigo y me pongo el
   cool

   _____ .

3. Si nieva, me pongo las _____ .

4. Si llueve, me quito el abrigo y me pongo el

   _____ .

5. Si llueve, también llevo el _____ .
   carry

LAS TALLAS
sizes

The sizes of clothing and shoes differ between
the United States and Europe.
The chart below will help you make the conversion
(ay-oo-roh-PAY-ah)
from **talla americana** to **talla europea**.
European

LA TALLA DE LA ROPA DE HOMBRE								
CAMISAS								
TALLA AMERICANA	14	14½	15	15½	16	16½	17	17½
TALLA EUROPEA	36	37	38	39	40	41	42	43
LA OTRA ROPA								
TALLA AMERICANA	34	36	38	40	42	44	46	48
TALLA EUROPEA	44	46	48	50	52	54	56	58

LA TALLA DE LA ROPA DE MUJER							
LAS BLUSAS							
TALLA AMERICANA	32	34	36	38	40	42	44
TALLA EUROPEA	40	42	44	46	48	50	52
LA OTRA ROPA							
TALLA AMERICANA	8	10	12	14	16	18	
TALLA EUROPEA	36	38	40	42	44	46	

LA ROPA DE MUJER

(moo-HEHR)

Women's clothes

Practice the words below by writing the words in the blanks and saying them aloud.

(koh-LOH-rays) *(preen-see-PAH-lays)*

Colores principales

Basic colors

(sohs-TEHN) (ah-mah-REE-yoh)
el sostén   amarillo
yellow brassiere

_____

(BOHL-sah) (RROH-hah)
la bolsa   roja
red purse

_____

(behs-TEE-doh) (ah-SOOL)
el vestido   azul
blue dress

_____

(pah-nyoo-WAY-loh) (BEHR-day)
el pañuelo   verde
green handkerchief

_____

(BRAH-gahs)
las bragas amarillas
yellow panties

_____

(kohm-bee-nah-SYOHN) (BLAHN-kah)
la combinación*   blanca
white slip

_____

(BLOO-sah) (BEHR-day)
la blusa   verde
green blouse

_____

(FAHL-dah)
la falda roja
red skirt

_____

(Kah-mee-SOHN)   (kohm-bee-nah-SYOHN)
*In Latin America, **camisón** is used; in Spain, **combinación** is more common.

Can you answer the following questions about the pictures?
EXAMPLE: *¿De qué color es la falda? La falda es roja.*

¿De qué color es el vestido?

_____

¿De qué color es la blusa?

_____

Can you continue asking yourself similar questions and answering them about the remaining articles of clothing in the picture?

(sah-PAH-tos)

LOS ZAPATOS DE HOMBRE Y DE MUJER
shoes

Men's and women's shoes

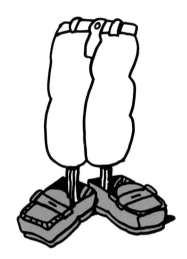

(ehs-TRAY-chohs)

Los zapatos me quedan estrechos.
are narrow

(ah-PRYAY-tahn)

Me aprietan.
pinch

(day-mah-SYAH-doh)

Los zapatos me quedan demasiado
are too wide

(ANH-chohs)

anchos.

(NOO-meh-roh)

El número de los zapatos
size

Los zapatos

(sahn-DAH-lyahs)
Las sandalias

(KAHL-sah)

¿Qué número calza usted? (What size shoe do you wear?)

Consult the following chart and fill in your answer:

Calzo el número _____ .

Las botas

167

(kahl-SAH-doh)										
EL CALZADO DE HOMBRE										
footwear										
NÚMERO AMERICANO	7	7½	8	8½	9	9½	10	10½	11	11½
NÚMERO EUROPEO	39	40	41	42	43	43	44	44	45	45

EL CALZADO DE MUJER									
NÚMERO AMERICANO	5	5½	6	6½	7	7½	8	8½	9
NÚMERO EUROPEO	35	35	36	37	38	38	38	39	40

(kom-PRAHR)

Marta quiere comprar ropa nueva para ir a la fiesta en casa de
      to buy

(sah-pah-teh-REE-ah) (proo-AY-bah)   *(PAH-rays)*

Teresa. Va a la zapatería y se prueba muchos pares de zapatos.
    shoe store   tries on   pairs

(ahl-GOO-nohs)

Algunos le quedan muy estrechos y le aprietan los pies. Otros le
some

quedan demasiado anchos. Por fin, compra un par que le
                  Finally   which

(ahl-mah-SEHN)   *(ah-TYEHN-day)*

queda bien. En el almacén el dependiente la atiende. Le
         department store   waits on

(MWEHS·trah)

muestra faldas verdes, amarillas y negras. Marta compra una
shows

(een-ah-rroo-GAH-blay)   *(seen-TAY-tee-kah)*

falda inarrugable y una blusa sintética. Siempre le gusta
  permanent press   synthetic

llevar una blusa roja. Cuando va a la fiesta, ve que Teresa

(MEEZ-mah)

lleva la misma ropa.
     same

Write your answers to the following questions.

(fay-lee-see-TAHR-lah)   *(GOOS-toh)*

¿Debe Marta felicitarla por su buen gusto?
      congratulate her   taste

_____

¿Debe Marta ir a casa y ponerse otra ropa?

_____

If you are very particular about your clothes, here are some words and expressions just made to impress the clerk. Try writing them out and saying them aloud for practice.

(LAH-nah)

Quiero algo de lana _____
something   wool

(ahl-goh-DOHN)
algodón _____
cotton

(dreel)
dril de algodón _____
denim

(gah-MOO-sah) *(AHN-tay)*
gamuza,   ante _____
suede   suede

(SAY-dah)
seda _____
silk

(nee-LOHN)
nilón _____
nylon

(KWEH-roh)
cuero _____
leather

(meh-DEE-dah)
¿Quiere tomarme la medida? _____
measure me

(may-HOHR) *(kah-lee-DAHD)*
Quisiera algo de mejor   calidad. _____
better   quality

(AY-choh) *(MAH-noh)*
¿Tiene algo hecho a mano? _____
handmade

(pay-KEH-nyoh)
Me queda grande (pequeño, corto) _____
small

(ah-nah-rahn-HAH-doh)
No me gusta el color anaranjado; prefiero _____
orange

(PAHR-doh)
¿Tiene un _____ de color pardo? _____
brown

Try practicing some imaginary situations in which you might use the expressions above with various articles of clothing.

You have been named the best dressed man or woman of the year. Can you describe what you usually wear to have gained this honor? Use words and expressions like **llevar, calzar, quedarme bien, Todos los días me pongo, Prefiero, Me gusta(n),** etc. Don't forget to describe the colors of your clothes.

What does the worst dressed man or woman wear? Be outrageous! _____

_____

What articles of feminine clothing correspond, more or less, to the masculine items listed below?

1. la camisa _____   2. los pantalones _____

3. los calzoncillos _____   4. la camiseta _____

What colors do you associate with the things below? Write them out.

1. the sea _____   2. grass _____

3. the sun _____   4. snow _____

5. coal _____   6. hot embers _____

7. a baby's cheeks _____   8. a cloudy sky _____

<table>
<tr>
<td>

17

</td>
<td>

(koh-mehs-TEE-blays)
Las tiendas de comestibles
Grocery stores

(PAY-sohs)   *(may-DEE-dahs)*
Pesos y medidas
weights   measures

</td>
<td>

</td>
</tr>
</table>

(lay-cheh-REE-ah)
la lechería
dairy

(behr-doo-leh-REE-ah)
la verdulería
vegetable store

(pah-nah-deh-REE-ah)
la panadería
bakery

(kahr-nee-seh-REE-ah)
la carnicería
butcher shop

(froo-teh-REE-ah)
la frutería
fruit store

(pehs-kah-deh-REE-ah)
la pescadería
fish store

(pahs-tay-leh-REE-ah)
la pastelería
pastry shop

(boh-DAY-gah)
la bodega
wine cellar

(kohn-fee-teh-REE-ah)
la confitería
candy store

(ay-lah-deh-REE-ah)
la heladería
ice cream store

(pray-GOON-tahs)
Hacer preguntas
To ask questions

To say "to ask a question" in Spanish we use the expression *hacer una pregunta*. In front of
this we may place the words *me, (te), le, nos, les,* which, as you remember, imply the idea of
"to someone." In English we ask someone a question. In Spanish we ask a question *to* someone.
EXAMPLES: *Le hago una pregunta al policía. Nuestro hijo nos hace una pregunta.* You can see the
       I ask the policeman a question   Our son asks us a question

pattern we follow in the diagram below:

me	**nos**	
(te)		+ a form of **hacer** + **una pregunta**
le	**les**	

171

Supply the missing words in the spaces below.

1. Yo le _____ una pregunta a Marta.

hacer

2. Ellos _____ hacen una pregunta tonta.

a mí   *(TOHN-tah)* stupid

3. Los turistas _____ hacen una pregunta.

a nosotros

4. Nosotros le _____ una pregunta al guía.

hacer   guide

5. Usted _____ hace una pregunta difícil.

a ellos   *(dee-FEE-seel)* difficult

6. Ustedes me _____ muchas preguntas.

hacer

Demasiadas preguntas
Too many questions

(pray-goon-TOHN)
EL PREGUNTÓN **Por favor, quisiera hacerle una pregunta. ¿Dónde puedo comprar leche?**
the inquisitive one

(GWAHR-dyah)
EL GUARDIA **Venden leche en la lechería de la esquina.**
policeman

(ah-DOHN-day)
EL PREGUNTÓN **Y si necesito verduras y carne, ¿adónde voy?**
where do I go

EL GUARDIA **Pues, a la verdulería y a la carnicería.**

EL PREGUNTÓN **Si me gustan la fruta y el pan, ¿dónde puedo comprarlos?**

EL GUARDIA **En la frutería y en la panadería.**

(kah-rah-MAY-lohs)   *(ehn-kohn-TRAHR-lohs)*
EL PREGUNTÓN **Si me hacen falta pescado y caramelos, ¿dónde puedo encontrarlos?**
candy   find them

EL GUARDIA **Debe ir a la pescadería y a la confitería**

EL PREGUNTÓN **¿Adónde debo ir si me hacen falta unas tortas?**

ANSWERS

2. me	4. hacemos	6. hacen
1. hago	3. nos	5. les

EL GUARDIA   **Debe ir a la pastelería para comprar tortas y tartas.**

EL PREGUNTÓN   **¿Y adónde voy para comprar helado y vino?**

EL GUARDIA   **A la heladería y a la bodega.** (Very disgusted) **También, si me hace otra**
                (een-FYEHR-noh)
pregunta, ¡puede ir al quinto infierno!
                to blazes

Draw a line through the items which you could *not* find in each store listed below:

1. la lechería—mantequilla, queso, vino rosado

2. la carnicería—cordero, naranjas, ternera

3. la verdulería—pan dulce, espárragos, lechuga

4. la frutería—uvas, naranjas, pan

5. la pescadería—mermelada, espinacas, trucha

6. la confitería—una barra de chocolate, tomates, caramelos

7. la pastelería—una torta, una tarta, arroz

8. la heladería—anchoas, ensalada, helado

9. la bodega—pollo, botellas, gambas

Notice that many of the names of stores are formed by adding **ería** to the end of the product they sell: **leche, lechería,** etc. To name the person who sells the product, we often start with the
(lay-CHEH-roh)
name of his store and substitute the ending **ero:** *lechería, lechero,* etc. or *a* if the seller is a woman, i.e., *lechera.*

(day-MAHN-dahs)
Como hacer demandas en español
How to give orders in Spanish

To make commands in the singular, you should do the following: (1) start with the *Yo* form of the verb, (2) drop the **o** ending, (3) add **e** for the **ar** verbs, and **a** for the **er** and **ir** verbs. Examples: **Hablo → Hable; Como → Coma; Vengo → Venga.** To make commands which apply to two or more people, simply add **n** to the singular commands. Examples: **Hable → Hablen; Coma → Coman; Venga → Vengan.** Got it? Let's see.

Please make the singular commands which you can form from the actions given below:

1. Hago _____

2. Miro _____

3. Escribo _____
   (SEE-goh)

4. Traigo _____

5. Compro _____

6. Sigo _____
   I go straight ahead; I follow

7. Pido _____

8. Tomo _____

9. Digo _____

10. Conduzco _____

11. Espero _____

12. Cojo _____

Now, using the same verbs as in the list above, see if you can make similar commands for two or more people. Say them aloud.

¿Por dónde vamos para ir a la panadería?
What way do we go to the bakery?

Suppose someone stops you on the street and asks you for directions to get to the bakery. Can you give him or her proper instructions?
Use the map at the right. At the moment the person is at the place marked in the picture.

Fill in the blanks below with the singular command form.

1. _____ derecho por esta calle hasta la primera esquina a la derecha.
   Sigo

2. _____ la calle que va a la derecha.
   Tomo

3. ¡_____ cuidado!
   Tengo

4. _____ por aquella calle sólo hasta la primera esquina a la izquierda.
   Subo

5. _____ a la izquierda y _____ hasta la primera
   Doblo   sigo
   calle que sale a la derecha. La panadería está en la esquina al otro lado de aquella calle.
   goes off   on the other side of

174

PESOS Y MEDIDAS

El Peso

(pay-SAHR)
Pesar
to weigh

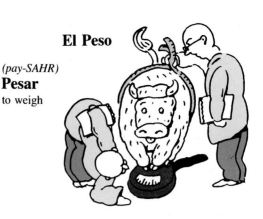

Although it has not yet caught on in the U.S., the metric system is the standard means for measuring in many foreign countries. Below, you will find an easy-to-use guide for converting weights from the metric system to our system of pounds and ounces.

WEIGHT EQUIVALENTS

SPANISH	METRIC	CUSTOMARY
(kee-loh-GRAH-moh)	*(GRAH-mohs)*	
un kilogramo =	1000 gramos	= 2.2 pounds
(MAY-dyoh)		
medio kilo =	500 gramos	= 1.1 pounds
cien gramos =	100 gramos	= 3.5 ounces (about ¼ lb)
doscientos gramos =	200 gramos	= 7.0 ounces (about ½ lb)

For your information, we include below a similar conversion chart for liquid measurements.

LIQUID EQUIVALENTS

(LEE-troh)	10 litros = 2.6 gallons
un litro = 1.06 quarts	20 litros = 5.2 gallons
liter	40 litros = 10.4 gallons
4 litros = 1.06 gallons	50 litros = 13.0 gallons
5 litros = 1.3 gallons	100 litros = 26.0 gallons

Can you answer the following questions? Use approximate figures for metric measurements.

(PAY-sah)
1. ¿Cuántos kilos pesa usted? _____

2. ¿Cuánta agua bebe en un día? _____

3. ¿Cuánto pesa su mejor amigo (amiga)? _____

4. ¿Cuántos gramos hay en un kilo? _____

5. ¿Cuánta gasolina hay en el tanque de su coche?_____

_____

Here are some useful expressions you may need to use when buying food. Write them out and say them aloud.

(doh-SAY-nah)
Una docena de _____.
dozen

Media docena de _____.
half a

Un kilo de _____.

Medio kilo de _____.

Un cuarto de kilo de _____.
quarter

Un litro de _____.

¿Cuánto pesa? _____

¿Cuánto son por docena? _____
per

¿Cuánto cuesta(n)? _____

Es demasiado. _____.
too much

Quisiera _____.
I would like

EN LA TIENDA DE COMESTIBLES
At the grocery store

Ask the clerk for the various items shown in the pictures. Begin your sentences as we have indicated in the questions that follow the pictures, and finish them as you choose.

(hah-BOHN)
el jabón
soap

_____

(lee-MOH-nays)
media docena de limones
lemons

_____

(eens-tahn-TAH-nay-oh)
el café instantáneo
instant coffee

_____

(LAH-tah)
una lata de legumbres
can   vegetables

_____

(RROH-yoh) (pah-PEHL) (ee-HYAY-nee-koh)
un rollo de papel higiénico

_____

(BOHL-sah) (ah-SOO-kahr)
una bolsa de azúcar
bag   sugar

_____

(seh-RAY-sahs)
las cerezas
cherries

_____

(WAY-bohs)
una docena de huevos

_____

medio kilo de cerezas

_____

(KAH-hah) (gah-YAY-tahs)
una caja de galletas
box   cookies

_____

un litro de leche
milk

_____

1. Quisiera unas _____ .

2. ¿Cuánto cuesta _____ ?

3. Necesito _____ .

4. Nos hace falta _____ .

(boos -KAH -mohs)
5. Buscamos _____ .
we're looking for

6. ¿Tienen _____ ?

177

Formerly, shopping for food in many Spanish-speaking countries was done on an almost daily basis because of lack of refrigeration. Some people still prefer that to buying large quantities of food less often, since they like to have food which is fresh **(fresco)**, fruits which will not become

(poh-DREE-doh) *(pah-SAH-doh)*

spoiled **(podrido)**, and bread which has not gone stale **(pasado)**.

Have you bought something you're not satisfied with? How would you complain about the following situations?

1. You have bought a rotten tomato. Este tomate está _____ .

2. The bread you bought is not fresh. Este pan no está _____ .

3. The sweet roll you bought is stale. Este pan dulce está _____ .

(dee-feh-REHN-tays)

Hoy día no es necesario ir a muchas tiendas diferentes para comprar los comestibles.
Nowadays   groceries

(soo-pehr-mehr-KAH-dohs) *(ehs-TEE-loh)*   *(poh-SEE-blay)*

Muchos países ahora tienen supermercados de   estilo norteamericano donde es posible
style

(loo-GAHR) *(pahs-TAY-lays)*

comprarlos en un solo lugar: pasteles, carne, una docena de huevos, una caja de galletas,
one   place   pastry

(pah-KAY-tay) *(DOOL-says)*

un rollo de papel higiénico, un litro de leche, un kilo de naranjas, un paquete de dulces.
package   candy

(een-teh-ray-SAHN-tay) *(bee-see-TAHR)*   *(AHY-ray)* *(LEE-bray)*

Pero todavía es interesante   visitar el mercado al aire   libre para ver la gran
interesting   open-air market

(bah-ryay-DAHD) *(AH-bays)*   *(proh-DOOK-tohs)*   *(kahm-pay-SEE-nohs)*

variedad de   aves, fruta, legumbres y otros productos que venden los campesinos. Es
variety   poultry   farmers

(mah-NEH-rah) *(ohb-sehr-BAHR)*   *(TEE-pee-kah)*   *(rreh-HYOHN)*

una buena manera de observar la comida típica de un país o una región.
way   typical

178

Imagine that we prefer not to go to the supermarket. Instead, we will go to the open-air market. What stalls would we visit to buy the items mentioned in the sentences below? Use the same names as those for the stores depicted earlier in this section.

El mercado al aire libre

(pah-nay-SEE-yohs)
1. Podemos encontrar panecillos en la _____.
   rolls

2. Venden jamón en la _____.

(FRAY-sahs)
3. Si nos hacen falta unas fresas   frescas, debemos ir a la _____.
   strawberries fresh

(NAH-tah)
4. Venden nata en la _____.
   whipped cream

(sah-nah-OH-ryahs)
5. Si queremos zanahorias, vamos a la _____.
   carrots

(kahn-GREH-hoh)
6. Si nos hace falta cangrejo, podemos comprarlo en la _____.
   crabmeat

Can you make up questions which would bring about the following responses?

1. Cuestan 60 céntimos por kilo. ¿ _____?

2. Pesan un cuarto de kilo. ¿_____?

Can you guess what we call the person who works in the following stores?

1. la pastelería, el _____   2. la frutería, el _____

3. la panadería, el _____

A **droguería** is somewhat similar to our drugstore where a great variety of products is available, many unrelated to medical needs: facial tissues, records, shampoo and hair care items, etc. Also, you can buy over-the-counter medicines in the **droguería**. Some of the more lavish ones even have a discotheque. A **farmacia**, on the other hand, deals only in medicines and health

(rray-SAY-tah)

care products. It is where you should go to get a prescription (**receta**) filled. In Spain, you can recognize the **farmacia** by the green cross outside its entrance. If you find that a pharmacy is

(GWAHR-dyah)

closed, it will usually have listed on its door a **farmacia de guardia** where you can find what

all-night

you need in a pinch. Also, many pharmacists will offer medical advice and care, but only for minor emergencies.

EN LA DROGUERÍA
At the drugstore

la droguería   **la farmacia**

(say-kah-DOH-rah)
la secadora portátil
blow dryer

(PAY-nay)
el peine
comb

(KRAY-mah) (FAH-syahl)
la crema   facial
cold cream

(ehz-MAHL-tay)   *(OO-nyahs)*
el esmalte para las uñas
polish   fingernails

(say-PEE-yoh)
el cepillo
hairbrush

la caja de pañuelos de   papel
(pah-nyoo-EH-lohs) (pah-PEHL)
box of paper tissues

el cepillo de dientes
(say-PEE-yoh) (DYEHN-tays)
toothbrush

el espejo
(ehs-PEH-hoh)
mirror

la pasta de dientes
(PAHS-tah) (DYHEN-tays)
toothpaste

el lápiz de labios
(LAH-pees) (LAH-byohs)
lipstick

la laca para el pelo
(LAH-kah)   (PAY-loh)
hairspray

el colorete
(koh-loh-RAY-tay)
rouge

la mascara
(mahs-KAH-rah)
mascara

el quitaesmalte
(kee-tah-ehz-MAHL-tay)
nail polish remover

(ah-MAH-lyah)(PAH-kah)   *(sehk-SYOHN) (bay-YAY-sah) (fay-may-NEE-nah)*
Amalia y   Paca entran en la droguería y van a la sección de belleza   femenina.
                                                                beauty

Amalia se mira en el espejo.
        looks at herself

(POH-moh)

AMALIA **Necesito comprar un pomo de crema facial y una caja de pañuelos de papel.**
                                    jar

(NOON-kah)   *(day-mah-see-AH-doh)*
PACA **Yo nunca uso crema facial; cuesta demasiado.   ¿Siempre compra su**
        never   too much

(mah-kee-YAH-hay)   *(RREE-kohs)   (POH-brays)*
maquillaje   aquí? Esta tienda es para los ricos, no para las pobres como nosotras.
makeup   rich   poor   like

AMALIA **Es verdad, pero nunca puedo encontrar buenos productos en nuestra**

(bay-seen-DAHD)
vecindad.
neighborhood

PACA **Voy a decirle una cosa.** *(KOH-sah)* **Yo no puedo comprar mis cosas en esta droguería. Los**
something

precios son demasiado altos aquí.
high

LA DEPENDIENTA **Buenas tardes, señoras. ¿Qué desean?**
good afternoon

AMALIA **Me hacen falta un peine, un cepillo y una lata de laca. También quisiera**

comprar un cepillo de dientes y pasta de dientes. ¿Cuánto?

(BAH-lay)

LA DEPENDIENTA **El cepillo de dientes vale dos euros y la pasta de dientes cuesta**
is worth

un euro y noventa céntimos ...

(gahs-TAHR)

PACA **¿Ahora comprende? Va a gastar mucho.**
to spend

AMALIA **Ahora quisiera ver el maquillaje: colorete, un lápiz de labios y mascara, por**

(pom-oh)

favor. Y también esmalte para las uñas y un pomo de quitaesmalte.
bottle

PACA **¿Sabe una cosa? Usted gasta demasiado.**

(eem-POHR-tah)

AMALIA **No importa. Estas cosas no son para mí.**
it doesn't matter   things

Son para mi esposo.

PACA *(with a look of astonishment)* **¿Cómo?**

AMALIA **Oh, no me entienda mal. Quiero decir que**
don't misunderstand me   I mean
(TAHN-toh)   *(BAY-yah)*
gasto tanto dinero para ser bella para él.
so much   beautiful

Look back at the second sentence of this reading and see how we translated **se mira**.

(mee-RAHR-say)

Many verbs can sometimes have an alternative *se* form (Example: *mirar; mirarse*), but then their meaning changes slightly. While *mirar* means "to look at," *mirarse* means "to look at oneself." In other words, the use of *me, (te), se, nos, se* can show an action which the doer does to himself or herself. Can you imagine how we would write "to speak to oneself," "to love (querer) oneself," "to serve oneself"? They are, respectively, **hablarse, quererse,** and **servirse**.

See if you can write the Spanish for the sentences below. Remember, you will need to choose among *me, se, nos,* and *se.*

1. I speak to myself. _____ .

2. We look at ourselves. _____ .

3. You (sing.) serve yourself. _____ .

4. They love themselves. _____ .

1. Name some things that a man can buy for himself in a droguería: _____ ,

   _____ , _____

2. What are two things women use on their nails? _____ ,

   _____

3. Name three beauty aids used on the face, lips and eyes. _____ ,

   _____ , _____

4. What do women use on their hair? _____ .

Cómo decimos *tener que* hacer algo
How we say *to have to* do something

Tener que + infinitive (To have to do something)	**Hay que** + infinitive (It is necessary to do something.)

Tengo que comprar algo.
(I have to buy something.)

Hay que ir a la lechería para comprar leche.
(It is necessary to go to the dairy to buy milk.)

Tener que refers to a specific person. **Hay que,** on the other hand, is a generalization *(it is necessary, one must . . .).* Let's practice **tener que** first.

Try starting each sentence below with the words suggested in parentheses. Say the sentences aloud each time.

Yo tengo que comprar algo. (Nosotros, Usted, Ellos, Ella, Ustedes)

El no tiene que comer aquí. (Yo, Nosotros, Ustedes, Ella)

Siempre tenemos que gastar mucho. (El, Yo, Ellas, Usted)

Can you answer the following questions using **hay que**? Remember they are generalizations.

1. ¿Hay que comer para vivir?

_____

2. ¿Dónde hay que comprar carne?

_____

3. ¿Qué hay que usar para quitar el esmalte?

_____

4. ¿Adónde hay que ir para comprar maquillaje?

_____

(ehn-REE-kay)
ENRIQUE **¿Tienen caramelos?**

EL DEPENDIENTE **No, para comprar caramelos, hay que ir a la confitería.**

ENRIQUE **¿Y cigarrillos y encendedores? ¿Los venden ustedes?**
cigarettes   lighters

EL DEPENDIENTE **Para comprar cigarrillos, usted**

(ehn-sehn-day-DOHR)
el encendedor

(tah-bah-keh-REE-ah)
tiene que ir a la tabaquería de la esquina.
tobacco store

_____

(see-gah-RREE-yohs)
los cigarrillos

_____

(day-soh-doh-RAHN-tay)
la lata de desodorante

(MAH-kee-nah) (ah-fay-TAHR)
la máquina de afeitar

ENRIQUE   **Entonces, quisiera comprar una lata de desodorante,**

una máquina de afeitar y unas hojas de afeitar.
(foon-SYOH-nah)

Mi máquina de afeitar no funciona en este país.
doesn't work

La electricidad no es buena aquí.
(proh-BLAY-mahs)

EL DEPENDIENTE   **No hay problemas con la electricidad.**

Usted tiene que ir a otra tienda para comprar un
(trahns-fohr-mah-DOHR)

transformador   **para su máquina de afeitar.**
converter

ENRIQUE   **¡Ay, Dios mío! ¡Qué lío!**
What a problem!
(LEE-oh)

(soh-loo-SYOHN)

EL DEPENDIENTE   **Tengo una solución. Usted no tiene que**
(ah-fay-TAHR-say)   (BAHR-bah)   (LOH-kahs)

afeitarse. ¡Yo llevo barba y las mujeres están locas por mí!
to shave   a beard   crazy about

(OH-hahs)
las hojas de afeitar

(ah-fay-tah-DOH-rah)
la afeitadora

Do you remember, from earlier in this section, what the **se** means on the end of **afeitar**?

Fill in the following blanks.

1. Name two things you find at the tobacco shop: _____ , _____

2. What things do men use to shave themselves?

_____ , _____ , _____

3. What must you use in order not to offend others, especially if it's hot? _____

EN LA FARMACIA
At the pharmacy

(KRAY-oh)
¡Creo que es demasiado tarde!
I believe that   late

(ahs-pee-REE-nah)
la aspirina

(pahs-TEE-yahs)
las pastillas
pills

(ahl-GOO-nahs)
María va a la farmacia para comprar algunas cosas. Pide
                                                      some

(ahl-koh-OHL)
venditas, alcohol y **un termómetro. Le dice al dependiente que**
bandages

(doh-LOHR) (kah-BAY-sah)
tiene dolor de cabeza y él le da unas pastillas, unas aspirinas.
headache   some

(behn-DEE-tahs)
las venditas

(ehn-GOHR-dah)   *(mah-ray-AH-dah)*
Ella engorda, se siente mal por la mañana y está mareada.
is putting on weight   in   nauseous

Él dependiente dice: «¡Creo que le hacen falta talco,

(tehr-MOH-may-troh)
el termómetro

alfileres de seguridad y pañales!»

(TAHL-koh)
el talco
talcum powder

(ahl-fee-LEH-rays)
los alfileres de
(say-goo-ree-DAHD)
seguridad

(pah-NYAH-lays)
los pañales
diapers

Here are some useful phrases for your minor complaints and hygienic needs.

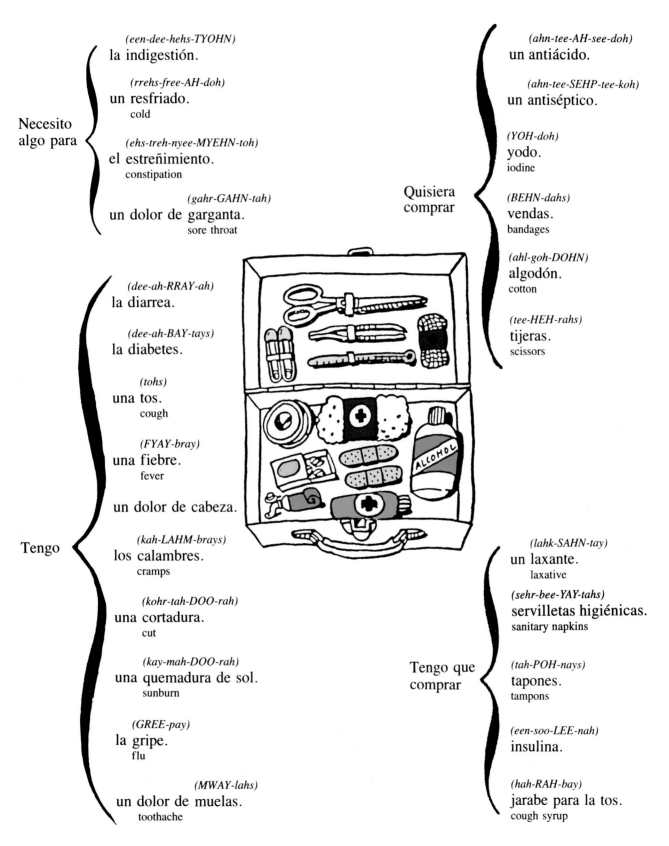

Necesito algo para

(een-dee-hehs-TYOHN)
la indigestión.

(rrehs-free-AH-doh)
un resfriado.
cold

(ehs-treh-nyee-MYEHN-toh)
el estreñimiento.
constipation

(gahr-GAHN-tah)
un dolor de garganta.
sore throat

Quisiera comprar

(ahn-tee-AH-see-doh)
un antiácido.

(ahn-tee-SEHP-tee-koh)
un antiséptico.

(YOH-doh)
yodo.
iodine

(BEHN-dahs)
vendas.
bandages

(ahl-goh-DOHN)
algodón.
cotton

(tee-HEH-rahs)
tijeras.
scissors

Tengo

(dee-ah-RRAY-ah)
la diarrea.

(dee-ah-BAY-tays)
la diabetes.

(tohs)
una tos.
cough

(FYAY-bray)
una fiebre.
fever

un dolor de cabeza.

(kah-LAHM-brays)
los calambres.
cramps

(kohr-tah-DOO-rah)
una cortadura.
cut

(kay-mah-DOO-rah)
una quemadura de sol.
sunburn

(GREE-pay)
la gripe.
flu

(MWAY-lahs)
un dolor de muelas.
toothache

Tengo que comprar

(lahk-SAHN-tay)
un laxante.
laxative

(sehr-bee-YAY-tahs)
servilletas higiénicas.
sanitary napkins

(tah-POH-nays)
tapones.
tampons

(een-soo-LEE-nah)
insulina.

(hah-RAH-bay)
jarabe para la tos.
cough syrup

19 | **La lavandería y la tintorería**
(lah-bahn-deh-REE-ah) *(teen-toh-reh-REE-ah)*
The laundry and the dry cleaner's

(lah-bah-DOH-rah)
la lavadora
washer

(say-kah-DOH-rah)
la secadora
dryer

Although dry cleaning services are no problem, in many Spanish-speaking countries laundromats either are not available or are few and far between. You can always take the easy way out and pack just wash-and-wear clothes, but you will find that some hotels have rules against washing
and hanging clothes to dry in your room. Many hotels and **pensiones** offer very reliable laundry
(pehn-SYOH-nays)
boarding houses
services, including washing and ironing, as well as mending of clothes, for remarkably reasonable prices. For the tourist on the move, this is probably the best solution, for it gives one more time to be out sight-seeing without the hassle and inconvenience of doing his or her own wash.

LA LAVANDERÍA

Susan, a foreign exchange student, goes to wash her clothes for the first time at the laundromat. Fortunately for her, a woman with several children is also doing her wash.

SUSAN **Por favor, ¿puede usted ayudarme?**

¿Cuánto detergente pongo en la lavadora
detergent   washer

para lavar la ropa blanca?
lingerie

LA SEÑORA **Sólo media taza para tan poca**
(TAH-sah) *(tahn)*
cup   so

ropa.

SUSAN *(thinking to herself)* **No es suficiente.**
(soo-fee-SYEHN-tay)

(She puts two cupfuls in, and the suds start overflowing.)

(day-tehr-GEHN-tay)
el detergente

(SEHS-toh)
el cesto

188

LA SEÑORA *(alarmed)* **Sólo media taza. Si**

usted pone más, puede tener problemas.

Susan is finally ready to dry her clothes. Another
young woman, a student, is in the vicinity.

(moh-NAY-dahs)

SUSAN **¿Puede decirme cuántas monedas**
coins

(may-TEHR) *(rah-NOO-rah)*

tengo que meter en la ranura de la
to put in   slot

(proh-POH-see-toh)

secadora? Y, a propósito, ¿dónde
by the way

está la ranura? *(The dryer fails to start.)*

(ehs-too-DYAHN-tay)   *(ah-pray-TAHR)* *(boh-TOHN)*

LA ESTUDIANTE **Hay que apretar este botón.**
to press   button

(foon-SYOH-nah) (SAY-kah)

Entonces, la secadora funciona y   seca la ropa.
dries

(behs)   (LAH-boh)

SUSAN **Es la primera vez que lavo la ropa en**
time   I wash

(ow-toh-MAH-tee-kah)

una lavandería automática. En casa mi

(LAH-bah)

madre siempre me lava la ropa.

LA ESTUDIANTE **Ah, ¿es estudiante nueva aquí?**

(oo-nee-behr-see-DAHD)

Yo estoy en el tercer* año de la universidad.
university

SUSAN **¿Es estudiante también? ¡Estupendo!**

(hoon-TAHR-nos)

¿Podemos juntarnos para hablar? Quisiera
get together

(SOH-bray) (BEE-dah)

hacerle muchas preguntas sobre la vida en
about   life

la universidad.

*Tercero shortens to *tercer* before a masculine singular noun.

(say-kah-DOH-rah)
la secadora
dryer

(kohr-DEHL)
el cordel
clothesline

(tehn-DEHR)
tender la ropa
to hang clothes

(PEEN-sahs)
las pinzas

(TAH-blah) (plahn-CHAHR)
la tabla de planchar

(PLAHN-chah)
la plancha

NOTE: Earlier we learned the verb **ponerse**, which means "to put on clothing." If we drop the **me, (te), se, nos, se** from its various forms, it then means simply "to put." (**Pongo el periódico en la mesa;** *I put the newspaper on the table*.) But, if we want to say "to put something into something *(MAY-toh)* else," as when we "deposit" or "insert," we use a different verb: **meter.** (EXAMPLE: **Meto las monedas en la ranura;** *I put the coins into the slot*. **Meto la ropa en la bolsa;** *I put the clothes (or clothing) in the bag*.

1. In the laundromat, with what two monstrous and rebellious machines must you deal?

   _____ , _____

2. ¿Qué hace la lavadora? La lavadora _____ la ropa.

3. ¿Qué hace la secadora? La secadora _____ la ropa.

   (ah-day-MAHS)
4. Además de la ropa, ¿qué hay que meter en la lavadora? _____
   Besides

5. ¿Qué hay que meter en la ranura de la lavadora? _____

6. ¿En qué hay que meter las monedas? Hay que meter las monedas en la _____
   de la lavadora.

(lah-BAH-doh)
EL HOTEL: EL LAVADO DE ROPA Y EL
washing

(SAY-koh)
LAVADO EN SECO
dry cleaning

If you decide to pass up the laundromat and to use the hotel's laundry and dry cleaning services, you might need to know the following expressions. Try writing them out in the spaces provided and say them aloud.

¿Tienen un servicio de lavandería? _____

Tengo ropa para lavar. _____

(koh-SEHR-may)
¿Pueden coserme un botón en esta camisa? _____
to sew me

_____

(rray-mehn-DAHR-may) (MAHN-gah)
¿Pueden remendarme la   manga de esta blusa?
mend for me   sleeve

_____

(ahl-mee-DOHN)
¡No quiero almidón en los calzoncillos!
      starch

(plahn-CHAR-may)
Por favor, ¿pueden plancharme esta camisa otra vez?
      to iron for me   again

¿Pueden llevar este traje a la tintorería?
     take

(MAHN-chah)
¿Pueden quitar esta mancha? _____
   take out   spot

(tehn-DEHR)   *(moh-HAH-dah)*
¿Puedo tender la ropa mojada en el cuarto de baño?
   hang up   damp

(KEH-hahs)
LAS QUEJAS
complaints

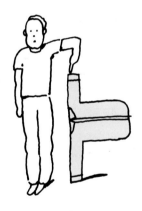

(MAHN-dah)
Juan siempre manda su ropa a la  lavandería y tintorería del hotel. Esta vez hay
     sends

(ay-kee-boh-kah-SYOHN)
problemas. Hay una equivocación y mucha de la ropa que le devuelven es de otra
     mix-up   which

(pehr-SOH-nah)   *(keh-HAHR-say)* *(heh-REHN-tay)*   *(loo-GAHR)*   *(sohs-TEHN)* *(nee)*
persona. Va a quejarse al gerente. En primer lugar, nunca lleva sostén ni
     to complain   manager   in the first place   bra   or (nor)

(pahn-tee-MAY-dyahs)
pantimedias. Además, sus camisas tienen demasiado almidón y una de ellas está
pantyhose   besides   them

(kohm-play-tah-MEHN-tay) *(dehs-troh-SAH-dah)* *(chah-moos-KAH-dah)*   *(FAHL-tahn)*

completamente   **destrozada; está chamuscada. También le faltan dos calcetines,**

completely   ruined   scorched   he's missing

                                                      (toh-dah-BEE-ah)

uno rojo y otro verde. El traje que le devuelven de la tintorería todavía tiene una

                                                                 still

mancha en la manga. Debe quejarse, ¿no?

How would you complain about such things? You might want to use some of the following phrases and expressions. Try writing them out and saying them aloud.

Tengo una queja. _____

Hay una equivocación. _____

Esta ropa es de otra persona. _____

Esta camisa tiene demasiado almidón. _____

Mi ropa está destrozada. _____

Esta camisa está chamuscada. _____

Falta un botón. _____

Hay una mancha en estos pantalones. _____

Me falta un par de calcetines. _____

Circle the most appropriate words and phrases in each sentence below to express your complaints when dealing with the laundry and dry cleaner's. More than one answer may be possible sometimes.

              un cordel.   gustan

1. En esta camisa falta una mancha.   4. Me faltan los calzoncillos.

              un botón.   llaman

             destrozada.   algodón.

2. Esta camisa está chamuscada.   5. La camisa tiene demasiado almidón.

             cerrada.   colorete.

       un botón   de otra persona.

3. Hay una lavadora en mi traje.   6. Estos trajes son nuestros.

       una mancha   hermosos.

ANSWERS

1. un botón	**3.** una mancha	**5.** almidón
2. destrozada, chamuscada	**4.** faltan	**6.** de otra persona

(answers printed upside down)

192

LA PELUQUERÍA

You may want to get your hair done while traveling. Let's hope nothing like this happens to you.

(hoh-say-FEE-nah)
(Josefina goes to the beauty shop for her weekly visit.)

(pehr-mah-NEHN-tay)
el permanente

_____

(pay-loo-KEH-roh)
EL PELUQUERO   **¿Qué quisiera usted, señora?**
beautician

(pay-NAH-doh)
JOSEFINA   **Un lavado y un peinado, por favor.**
        wash   set

(PAY-loh)
lavar el pelo

(rray-TOH-kay)
Y un retoque.
   touch up

_____

(mah-SAH-hay) (fah-SYAHL)
¿También puede darme un masaje facial
                  massage

(mah-SAH-hay) (fah-SYAHL)
el masaje facial

_____

(mah-nee-KOO-rah)
y una manicura?

(mah-nee-KOO-rah)
la manicura

(moh-RAY-nah)
EL PELUQUERO **Usted es morena y tiene**
dark complexioned

(ohs-KOO-roh)
el pelo oscuro. ¿Qué color quisiera para
your hair is dark

(ehn-HWAH-gay) *(MEEZ-moh)*
el enjuague? ¿El mismo color o algo
rinse   same

un poco más oscuro?
darker

(chahm-POO)
el champú

(KLAH-roh)
JOSEFINA **Un poco más claro, por favor.**
lighter

(BOO-klays)   *(LAH-dohs)* *(OHN-dahs)*
Y quiero bucles a los lados y ondas
curls   on the sides   waves

(ah-RREE-bah)
arriba. ¿Puede cortarme un poco
on top

(LAHR-goh)
por detrás? No me gusta el pelo largo.
in the back   long

(RROO-lohs)
los rulos

---

*(An hour later, the beautician brushes out
Josefina's hair, and Josefina looks at
herself in the mirror.)*

(say-pee-YAHR)
cepillar

(ROOH-byah)
JOSEFINA **¡Dios mío! ¡Estoy rubia y tengo el**
blonde   my hair is

(KOHR-toh)
pelo muy corto!
short

el cepillo

Here are some useful sentences a woman might want to know before going to the beauty shop. Try writing them out and saying them aloud.

(fee-HAHR-may)
Quisiera fijarme hora para mañana.
     to make an appointment for myself

_____

(KOHR-tay)
Necesito un corte de pelo.
     haircut

_____

No me ponga laca. _____

(flay-KEE-yoh)
Quiero el pelo con flequillo. _____
      in bangs

(MOH-nyoh)
Llevo el pelo con moño. _____
    in a bun

When you're at the hairdresser's, you may wish to ask for a blow dry: **"Por favor,**

(say-KAHR-may-loh)   *(pohr-TAH-teel)*
¿Quiere secármelo con la secadora portátil?"
      hand dryer

(rray-KOHR-tay-may-loh)
If you don't want the beautician to take off too much hair, just say, **"Recórtemelo un poco."**
     Trim it for me

(es-kahr-CHAH-doh)
To have your hair frosted, say, **"Quiero el pelo escarchado."**
     frosted

(rree-SAH-doh)   *(ah-free-KAH-noh)*
If you want an Afro, you should ask, **"Quiero el pelo rizado al estilo africano."**

(FLOH-hahs)
To get a body wave, you need to say, **"Póngame las ondas muy flojas."**
     loose

It is customary to give a small tip to *each* of the persons who works on your hair,

as well as to the manicurist.

LA BARBERÍA

NOTE:
Although **peluquería**
means beauty shop,
it is frequently used
in place of **barbería**
to mean barber shop.

Practice writing the new words on the lines provided.

(ah-fay-TAHR)
afeitar
to shave

_____

(mah-kee-NEE-yah)
la maquinilla
clippers

_____

(ah-fay-TAHR-say)
afeitarse
to shave oneself

_____

(ahn-TOH-nyoh)
Antonio va a la peluquería para hombres porque le hace falta un corte de pelo. Primero,
   (bahr-BEH-roh) (ah-FAY-tah)   *(nah-BAH-hah) (rray-KOHR-tah)*
el barbero le afeita con una navaja y le recorta la barba, el bigote y las patillas con la
         shaves   mustache

maquinilla. Luego, le da un champú y un corte de pelo. A Antonio le gusta el pelo muy

corto y el barbero le corta mucho arriba y por detrás. Antonio está muy cansado y se
         (ah-SYEHN-toh)   *(yah)*
duerme en el asiento. El barbero le corta más y más. Por fin, dice «Ya está, señor».
falls asleep   chair, seat   *(KAHL-boh)*   That's it

Antonio se mira en el espejo y ve que está calvo. «¿Cuánto le debo?» pregunta él. El
                                         how much do I owe you?
                                              (PROHN-toh)
barbero dice «Puede pagarme seis cortes. ¡Creo que no va a volver muy pronto!»
                                                soon

(nah-BAH-hah)
la navaja

_____

(tee-HEH-rahs)
las tijeras

_____

(KAHL-boh)
calvo
bald

_____

(pay-NAHR-say)
peinarse
to comb one's own hair

_____

(pay-NAHR)
peinar
to comb

_____

(KOHR-tay)
un corte de pelo
haircut

_____

(rray-kohr-TAHR)
recortar
to trim

_____

(kohr-TAHR)
cortar

_____

(bee-GOH-tay)
el bigote
mustache

_____

(pah-TEE-yah)
la patilla
sideburn

(BAHR-bah)
la barba
beard

_____

You have already learned the verb **dormir**. Notice in the dialog that it has a slightly different meaning when it is accompanied by *me, (te), se, nos*. Can you answer the following questions using these forms?

1. ¿A qué hora se duerme usted por la noche?
                            at

_____

2. ¿Se duerme usted cuando está cansado?

_____

(BYAH-hah)
3. ¿Se duerme usted cuando **viaja** en tren?
                            you travel

_____

ANSWERS

1. Me duermo a las ——————.   2. Sí, me duermo cuando estoy cansado.   3. Sí, me duermo cuando viajo en tren. No, no me duermo cuando viajo en tren.

197

(SOH-bray)
Más sobre las demandas
More about commands

When **me, (te), lo, la, le, nos, los, las, les,** and **se** accompany the command form of the verb, they appear in front of the command, if it is negative. Example: **No me ponga laca**. If, on the other hand, the command is affirmative, we attach them to the end of the command. Example: **Póngame laca**. Notice that when we hook these words to the end of the affirmative commands, we have to add an accent mark. This accent appears over the vowel *(a, e, i, o, u)* which was

(POHN-gah) *(POHN-gah-lah)*

originally stressed before we added the word: po*n*ga, p*ó*ngala. It's as simple as that.

Now, rewrite the sentences below, changing the command from the affirmative to the negative. Remember to remove the accent mark when you write the negative. Follow our EXAMPLE: **Tráigalo. No lo traiga.**

1. Dígalo. _____

2. Llévenlas. _____

3. Escríbame. _____

4. Cómprenlos. _____

5. Hágalo. _____

6. Desayúnese. _____

7. Háblenme. _____

8. Llámenos. _____

Now, can you do the reverse? Remember to add the accent. Example: **No lo pida. Pídalo.**

1. No lo coma. _____

2. No la beban. _____

3. No los tomen. _____

4. No nos sirva. _____

5. No se mire. _____

6. No se desayune. _____

7. No las devuelvan _____

8. No lo hagan. _____

ANSWERS

Negatives.

1. No lo diga.
2. No las lleven.
3. No me escriba.
4. No los compren.
5. No lo haga.
6. No se desayune.
7. No me hablen.
8. No nos llame.

Affirmatives.

1. Cómalo.
2. Bébanla.
3. Tómenlos.
4. Sírvanos.
5. Mírese.
6. Desayúnese.
7. Devuélvanlas.
8. Háganlo.

198

		(ehs-TAHN-koh)	*(tah-bah-keh-REE-ah)*
el quiosco	**la papelería**	**el estanco**	**la tabaquería**
newsstand		government-run tobacco store	tobacco store

EN EL QUIOSCO

(HOH-behn)

EL JOVEN   **Perdón. ¿Tiene periódicos en inglés?**
young man   newspapers

(DWEH-nyoh)   *(soor-TEE-doh)*

EL DUEÑO DEL QUIOSCO   **Sí, tenemos un buen surtido de**
owner   assortment

(een-glah-TEH-rrah)

   periódicos de Inglaterra   y de los Estados Unidos.
              England

                          (tahr-HAY-tahs) *(pohs-TAH-lays)*

EL JOVEN   **También quisiera comprar unas tarjetas   postales.**   *(peh-ree-OH-dee-koh)*

                     (BEES-tahs)   **el periódico**

EL DUEÑO   **Aquí tiene un buen surtido de vistas   de Madrid.**
                                   views

(SAY-yohs) *(ah-EH-ray-ohs)*

EL JOVEN   **¿Vende sellos   aéreos?**
               airmail stamps

EL DUEÑO   **No, pero puede comprarlos en el estanco de**

   la esquina.

EL JOVEN   *(tah-BAH-koh)*
¿Y tabaco? Quisiera comprar una cajetilla de
                                          pack

cigarrillos americanos.
cigarettes

EL DUEÑO   **También puede comprarlos en el estanco o en la**

tabaquería.

(rray-BEES-tah)
la revista
magazine

EL JOVEN   *(FOH-tohs)*   *(eh-HEHM-ploh)*
¿Tiene revistas con fotos? ¿*Playboy*, por ejemplo?
                                        for example

No es para mí; es para mi abuelo.
                        (soo-PWEHS-toh)
EL DUEÑO *(with eyebrows raised)*   **Sí, por supuesto.**
                                        of course

EL JOVEN   **Voy a llevar el periódico, las tarjetas postales y la**
                          take

revista. ¿Cuánto le debo?
                do I owe you?

(tahr-HEH-tahs) (pohs-TAH-lays)
las tarjetas   postales

(SAY-yohs)
los sellos

(kah-hay-TEE-yah)
una cajetilla de
(see-gah-RREE-yohs)
cigarrillos

NOTE: Un *estanco* es una tienda *(kohn-troh-LAH-dah)* *(goh-BYEHR-noh)*
controlada por el gobierno en España que vende tabaco,
                controlled by   government

fósforos y sellos.

Try reading aloud several times the conversation between the youth and the owner of the kiosk.
When you feel confident of its meaning, see if you can fill in the missing words below.

1. EL JOVEN   Perdón. ¿Tiene _____ en inglés?

2. EL DUEÑO   Sí, tenemos un buen surtido de periódicos de _____

   y de _____ .

3. EL JOVEN   También quisiera comprar unas _____ .

4. EL DUEÑO   Aquí tiene un buen _____ de

_____ de Madrid.

5. EL JOVEN   ¿Vende _____ aéreos?

6. EL DUEÑO   No, pero puede comprarlos en el _____ de la esquina.

7. EL JOVEN   ¿Y tabaco? Quisiera comprar una _____ de

_____ americanos.

8. EL DUEÑO   También puede comprarlos en el estanco o en la _____

de la _____ .

9. EL JOVEN   ¿Tiene _____ con fotos? *¿Playboy,* por

_____ ? No es _____ mí; es para mi

_____ .

10. EL DUEÑO   Sí, por _____ .

11. EL JOVEN   Voy a _____ el periódico, las tarjetas postales y la revista.

¿Cuánto le _____ ?

EN LA PAPELERÍA

(boh-LEE-grah-foh)
el bolígrafo

Si me hacen falta un bolígrafo y un lápiz, voy a la papelería.
    ballpoint pen pencil

    (KAHR-tah) (pah-PEHL) (ehs-kree-BEER)
Si quiero escribir una carta, uso **papel de escribir** y meto la
 (SOH-bray) letter stationery   (kwah-DEHR-nohs)
carta en un sobre. En la papelería también venden cuadernos.
 envelope   notebooks

  (ah-POON-tays)   (blohk)
Puedo escribir apuntes en un cuaderno o en un bloc de papel.
  notes   notepad

(LAH-pees)
el lápiz

el papel de escribir
stationery

(SOH-bray)
el sobre

_____   _____

(ehm-bohl-BEHR)(pah-KAY-tay)
Si quiero envolver un paquete, necesito cinta adhesiva,
　　　to wrap　　　　package　　　　　*(AHL-goh)*
cuerda y papel de envolver. Para pedir algo　digo «Quisiera
　　wrapping paper　　　In order to　　something
comprar . . .» o «Por favor, ¿tienen . . .?».

(blohk)
el bloc de papel

_____

(kwah-DEHR-noh)
el cuaderno

(SEEN-tah) (ah-day-SEE-bah)
la cinta　adhesiva

(KWEHR-dah)
la cuerda
string

_____　　_____　　_____

Can you answer the following questions about the stationery store?

1. What two objects can you write with? Un _____ y

　un _____

2. When you write a letter, what do you write on? En _____

　de _____

3. What three things do you use to wrap a package? Uso _____ ,

　_____ y _____

4. What do you put a letter in before you mail it? En un _____

5. What two things can you write notes on? En un _____

     o en un _____ de _____ .

Más verbos

Try practicing the new verbs below. Both are **se** verbs. Notice that the first one belongs to the "shoe type" and changes the **e** to **ie**.

(dehs-pehr-TAHR-say)
DESPERTARSE = TO WAKE UP

(dehs-PYEHR-toh)
yo me despierto

(dehs-pehr-TAH-mohs)
nosotros nos despertamos

(dehs-PYEHR-tahs)
(tú te despiertas)

él
ella   *(dehs-PYEHR-tah)*
usted se despierta

ellos
ellas   *(dehs-PYEHR-tahn)*
ustedes se despiertan

(lay-bahn-TAHR-say)
LEVANTARSE = TO GET UP

(lay-BAHN-toh)
yo me levanto

(lay-bahn-TAH-mohs)
nosotros nos levantamos

(lay-BAHN-tahs)
(tú te levantas)

él
ella   *(lay-BAHN-tah)*
usted se levanta

ellos
ellas   *(lay-BAHN-tahn)*
ustedes se levantan

Once you know these forms well, take a try at the following questions.

¿A qué hora se despierta usted generalmente?

_____

¿Se desayuna usted cuando se levanta?

_____

¿A qué hora se levanta usted los domingos?

_____

¿A qué hora se levanta su familia los sábados?

_____

(fah-seel-MEHN-tay)
¿Se despierta usted fácilmente?
easily

_____

(tehm-PRAH-noh)
¿Le gusta levantarse tarde o temprano?
late   early

(Be sure to change the **se** to **me** on the end of **levantar** because you are talking about yourself.)

_____

Look at the street plan on the next page. An American tourist is standing at the spot indicated. He is desperate for a cigarette but he has none left. A Spanish friend has given him a pack of Spanish cigarettes made from **tabaco negro** (a black tobacco whose aroma is quite pungent). The tourist is dying for one of his favorite American cigarettes made from **tabaco rubio** (a milder, lighter-colored tobacco). He goes to the barbershop across the street to ask for directions to the nearest **estanco**. Suppose you are the barber.

Try giving the directions necessary for the tourist to reach the **estanco**. Be sure to use the singular command forms of the verb indicated in parentheses. For the verb **cruzar,** we must change the **z** to a **c** before adding the command ending: **cruzar**; **cruzo**; *cruce*. This happens with all verbs whose infinitive ends in **car**.

Can you trace with a pencil this route on the map?

Here

1. **Señor,** _____ **(seguir) a la derecha por esta calle hasta la esquina de la**
     go   along

   tintorería.

2. **Luego,** _____ **(doblar) a la izquierda y** _____ **(caminar)**

   derecho. En la primera bocacalle hay una farmacia.
   straight ahead

3. _____ **(Pasar) la farmacia y** _____ **(seguir) una**
   (mahn-SAH-nah)   *(PROHK-see-mah)*
   manzana más hasta la próxima bocacalle.
   block   next

4. **Luego,** _____ **(doblar) a la derecha.**

5. **En la próxima esquina** _____ **(tomar) la calle que va a la izquierda.**

6. _____ **(Caminar) derecho.**

7. _____ **(Doblar) a la izquierda en la primera bocacalle y**

   _____ **(seguir) hasta el fin de la calle. El estanco está en la esquina a**
                        on

   la izquierda.

EL JOYERO

EL JOYERO   **¿Qué desea, señor?**

EL CLIENTE   **Quisiera comprar algo para mi mujer. Un brazalete o**
                                              wife   bracelet

(tahl)   (OH-roh)
tal vez un anillo de oro.
perhaps   ring   gold

EL JOYERO   **Puedo mostrarle estos brazaletes y estos anillos de**
(PLAH-tah)
plata.
silver

EL CLIENTE   **No me gusta la plata; prefiero el oro.**

EL JOYERO   **¿Le interesa un prendedor? ¿O tal vez un collar?**
                        pin   necklace

EL CLIENTE   **No. ¿Puede mostrarme un par de aretes?**
                                              earrings

EL JOYERO   **Tal vez le interesa este par de pendientes.**
                                        pendant earrings

EL CLIENTE   **Sí, y una sortija y una cadena de oro.**
                        ring   chain

206

EL JOYERO **Estos pendientes, esta sortija y esta cadena**
(HWAY-goh)
hacen juego.
match

EL CLIENTE **Muy bien. Los llevo. ¿Cuánto valen?**
I'll take them

EL JOYERO **180 euros.**

EL CLIENTE **Es mucho.** (*Reaching suspiciously into his jacket*
(MAH-nohs) (ah-RREE-bah)
pocket) **¡Manos arriba!**
Hands up

Practice writing the new words on the lines provided under the pictures.

(brah-sah-LAY-tay)
el brazalete

_____

(ah-RAY-tay)
el arete

_____

(prehn-day-DOHR)
el prendedor
brooch, pin

_____

(pehn-DYEHN-tay)
el pendiente

_____

(koh-YAHR)
el collar

_____

(kah-DAY-nah)
la cadena
chain

_____

(ah-NEE-yoh)
el anillo
ring (without stone)

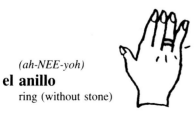

_____

(sohr-TEE-hah)
la sortija
ring (with stone)

_____

207

The verb **interesar** follows the pattern of **gustar**. In other words, the only two forms of it which we generally use are **interesa** or **interesan** (depending on whether what is interesting is singular or plural), and it is preceded by *me, (te), le, nos, les.* Examples: **Me interesa la lengua española.**

(dyah-MAHN-tays)

A Felipe le interesan los diamantes. How would you say the following sentences?
diamonds

(HOH-yahs)

1. The jewels (joyas) interest me (are interesting *to* me).

_____

2. María is interested in the bracelet. (To María is interesting the bracelet.)

_____

3. Can you name two items of jewelry you might wear on your fingers? Un

_____ y una _____

4. What two sorts of jewelry do women wear on their ears? Un par de _____

o un par de _____

5. What two types of jewelry are worn around the neck? Un _____

y una _____

6. What is worn on the wrist? Un _____

EL RELOJERO

(rray-LOH) (dehs-pehr-tah-DOHR)
el reloj despertador
alarm clock

(pool-SEH-rah)
el reloj de pulsera
wrist watch

el relojero

(rray-loh-heh-REE-ah)
la relojería
watchmaker's shop

Practice writing the new words by filling in the blanks under the pictures. Once you have done this, read aloud the sentences below which could help you when you visit the watchmaker. After you have practiced them aloud, try writing them out in the spaces provided.

(rray-pah-RAHR-may)
¿Puede repararme este reloj?
     repair for me

_____

(leem-PYAHR-loh)
¿Puede limpiarlo?
     clean it

_____

(ah-day-LAHN-tah)
Mi reloj se adelanta.
     runs fast

_____

(ah-TRAH-sah)
Mi reloj se atrasa.
     runs slow

_____

(pah-RAH-doh)
Mi reloj está parado.
     stopped

_____

(AHN-dah)
Mi reloj no anda bien.
     doesn't run

_____

Acostarse
To go to bed

Try writing out the various forms of the new **ar** verb below. Be sure to say them aloud. You will see that it is of the ''shoe'' type and changes **o** to **ue**. It is also a **se** verb.

(ah-kohs-TAHR-say) **ACOSTARSE = TO GO TO BED**		_____
(ah-KWEHS-toh) yo me acuesto *(ah-KWEHS-tahs)* (tú te acuestas) él ella *(ah-KWEHS-tah)* usted se acuesta	*(ah-kohs-TAH-mohs)* nosotros nos acostamos ellos ellas *(ah-KWEHS-tahn)* ustedes se acuestan	yo _____ nosotros _____ *(tú te acuestas)* él ellos ella ellas usted _____ ustedes _____

See if you can answer the questions below.

1. ¿A qué hora se acuesta usted generalmente?

   _____

2. ¿Se acuesta usted cuando está cansado (cansada)?

   _____

3. ¿Se acuesta toda su familia a la misma hora?

   _____

Try reading the paragraph below to see if you can understand it easily. You may want to refer to the previous sentences about the watchmaker's. Do you remember what *ir a* + infinitive means here?

Mi reloj de pulsera no anda bien. Un día se adelanta; otro día se atrasa. Hoy está parado
(KWEHR-dah)
y no puedo darle cuerda. Voy a llevarlo a la relojería y el relojero va a repararlo.
　　wind it　　　　　　　　　　take it

(deh-HAHR-loh)　　　　　　　　　*(rray-SEE-boh)*
También va a limpiarlo. Si tengo que dejarlo, el relojero va a darme un recibo.
　　　　　　　leave it　　　　　　　　　　　　receipt

Can you fill in the spaces below with the new words you have learned?

1. Mi reloj no _____ bien; un día se _____;

   otro día se _____ .

2. When you are always early for appointments, what might be the matter?

   Mi reloj se _____ .

3. When the hands of your watch don't move, how do you describe the problem?

   Mi reloj está _____ .

4. What do you do daily to keep your watch running?

   Le doy _____ .

5. Where do you take your watch for repairs?

   Llevo mi reloj a la _____ .

6. What do you call the man who works on your watch?

   Se llama el _____ .

7. When you leave your watch, what does the watchmaker give you?

   Me da un _____ .

ANSWERS

Reloj. 1. anda, adelanta, atrasa 2. adelanta 3. parado 4. cuerda 5. relojería 6. relojero 7. recibo

211

23

La tienda de artículos de regalo,

(ahr-TEE-koo-lohs) *(rray-GAH-loh)*

the gift shop,

de música, de fotografía

(MOO-see-kah) *(foh-toh-grah-FEE-ah)*

the music store, the photography shop

EN LA TIENDA DE ARTÍCULOS DE REGALO

EL DEPENDIENTE **¿En qué puedo servirla?**
How can I help you?

LA TURISTA **Busco un regalo . . . algo**

(TEE-pee-kah-mehn-tay) *(rray-KWEHR-doh)*
típicamente español, un recuerdo
typically souvenir

de España.

EL DEPENDIENTE **¿Para un caballero o para**

(kah-bah-YEH-roh)
gentleman

(DAH-mah)
una dama?
lady

¡Cuesta mucho!

LA TURISTA **Para una señora.**

(boo-FAHN-dah) *(BOHL-sah)* *(KWEH-roh)* *(pehr-FOO-may)*
EL DEPENDIENTE **¿Una bufanda, tal vez? ¿Una bolsa de cuero? ¿Perfume?**
scarf purse leather

(ehn-KAH-hay)
LA TURISTA **¿Cuánto vale esta bufanda de encaje?**
lace

EL DEPENDIENTE **28 euros.**

LA TURISTA **¿Quiere mostrarme otra, menos cara?**

EL DEPENDIENTE **Por supuesto. Esta bufanda de algodón cuesta menos . . . 21 euros.**
of course

LA TURISTA **Todavía es mucho.**
still

EL DEPENDIENTE **Pero, señora, en su país una bufanda de este**

(TEE-poh) *(BAH-lay)*
tipo vale el doble. Puede venderla y doblar su dinero.
type is worth twice as much double

(KAH-soh)
LA TURISTA **En ese caso, ¡voy a llevar una docena!**
case

(rray-GAH-loh)
el regalo

Write the words below the pictures.

(ahl-fohm-BREE-yah) *(KWEH-roh)*
la alfombrilla de cuero
small rug   leather hide

(bah-HEE-yah)
la vajilla de plata
silverware

_____   _____

la bufanda

el anillo

la bolsa

_____   _____   _____

(kahr-TEH-rah)
la cartera
wallet

(peen-TOO-rah)
la pintura

(DEE-hay)
el dije
charm

_____   _____   _____

(yah-BEH-roh)
el llavero
keyring

(rray-SEE-boh)
el recibo
receipt

el perfume

_____   _____   _____

EN LA TIENDA DE MÚSICA
At the music store

(LOH-pehs)
Al señor López le gusta mucho la música

(KLAH-see-kah)   *(dee-NEH-roh)*
clásica pero no tiene mucho dinero. Todos los
                        money   Every

sábados coge el autobús o el metro y va a una
Saturday
                  (DEES-kohs)
tienda que vende discos, una semana,
                    records
          (PAHR-tay)   *(ehs-KOH-hay)*
en una parte de la ciudad, otra semana en otra parte. Escoge tres o cuatro discos,
                                              he chooses

213

(kah-BEE-nah) *(doo-RAHN-tay)* *(ehs-KOO-chah)* *(kohm-poh-see-TOH-rays)*

va a una cabina y durante dos o tres horas escucha la musica de sus compositores
booth   during   he listens to   composers

(fah-boh-REE-tohs) *(OH-yay)*

favoritos. Luego, vuelve a casa muy contento pero cuando llega, oye otra música que
he hears

(bay-SEE-noh) *(kohn-HOON-toh)* *(pay-sah-DEE-yah)*

sale de la casa de su vecino. Es el conjunto "rock" del hijo del vecino. Una pesadilla
comes from   neighbor   group   nightmare

(ah-fee-syoh-NAH-doh)

para el pobre señor López, aficionado de Mozart y Beethoven.
fan

(MOO-see-kah)
la tienda de música

(RRAH-dyoh)
la radio

(tay-lay-bee-SOHR)
el televisor

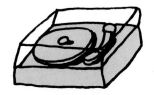

(toh-kah-DEES-kohs)
el tocadiscos
turntable

(ah-GOO-hah)
la aguja
needle

(grah-bah-DOH-rah)
la grabadora
tape recorder

(SEEN-tah) *(mahg-NAY-tee-kah)*
la cinta magnética
recording tape

(kah-SEHT)
la cassette

el disco

(kohm-PAHK-toh)

el disco compacto

la música
(KLAH-see-kah)
clásica

la música
(poh-poo-LAHR)
popular

NOTE: **Escuchar** means "to listen" and "to listen *to*." Normally, we do *not* use the word **a** following it, as we would use "to" after "listen" in English when we refer to music. Example: *Me gusta escuchar música clásica.*

Answer *Cierto* or *Falso*.

1. Al señor López le gusta la música "rock." _____
   (REE-koh)
2. El señor López es muy rico. _____
   wealthy
3. Todos los sábados el señor va a la tienda de comestibles. _____

4. Los sábados el señor escucha discos de música clásica. _____

5. El señor López va a la misma tienda todas las semanas. _____

6. El señor López vuelve contento a casa. _____

7. Cuando vuelve a casa, el señor oye su música favorita. _____

8. El hijo del vecino tiene un conjunto "rock." _____

ANSWERS

True/False

1. Falso 2. Falso 3. Falso 4. Cierto 5. Falso 6. Cierto 7. Falso 8. Cierto

In our story about Mr. López we used the word *oye*. It is one of the forms of the new **ir** verb below. You will see that it is quite irregular in its spelling. Try writing out the forms and saying them aloud.

<table>
<tr><td colspan="4" align="center">*(oh-EER)*
OÍR = TO HEAR</td></tr>
<tr>
<td>*(OHY-goh)*
yo oigo</td>
<td>*(oh-EE-mohs)*
nosotros oímos</td>
<td>yo _____</td>
<td>nosotros _____</td>
</tr>
<tr>
<td>*(OH-yays)*
(tú oyes)</td>
<td></td>
<td>(tú oyes)</td>
<td></td>
</tr>
<tr>
<td>él
ella *(OH-yay)*
usted oye</td>
<td>ellos
ellas *(OH-yehn)*
ustedes oyen</td>
<td>él
ella
usted _____</td>
<td>ellos
ellas
ustedes _____</td>
</tr>
</table>

Say the sentences below, substituting each time the subjects given in parentheses.

Yo oigo música en la calle. (Nosotros, Ustedes, El)
Nosotros oímos música clásica. (Yo, Usted, Ellas)

EL DEPENDIENTE   **¿En qué puedo servirlo?**

                             (EHK-see-toh) (rray-SYEHN-tay)   *(NYAY-toh)*
EL VIEJO   **Quisiera comprar el éxito más reciente. Es para mi nieto.**
                           hit   most recent   grandson

EL DEPENDIENTE   **¿Le gusta la música clásica? ¿Prefiere la música folklórica? ¿O es**

      aficionado de los conjuntos "rock"?

EL VIEJO   **Sólo le gusta la música "rock."**

EL DEPENDIENTE   **Entonces, debe comprar este disco.**

            (EHN-tray)
      Es un gran éxito entre los jóvenes este año.
                among

EL VIEJO   **Bueno, voy a llevarlo. Pero yo,**
                  to take it
(pehr-soh-nahl-MEHN-tay)   *(ah-gwahn-TAHR) (KLAH-say)*
personalmente, no puedo aguantar esa clase de
personally   stand   kind
             (TOH-kahn)   *(FWEHR-tay)*
música. Siempre la tocan muy fuerte.
        they play it   loud
           (oh-reh-HEH-rahs)
Ah, ¿también venden orejeras?
      earmuffs

(fohlk-LOH-ree-kah)
la música folklórica

216

EN LA TIENDA DE FOTOGRAFÍA

(ah-day-LAHN-tay)

Taking pictures is one of the most important parts of your trips, so *¡Adelante!* with your camera.
Go ahead!

(rray-bay-LAHR)

EL TURISTA VIEJO   **¿Puede revelar este carrete**
develop

de película?

EL DEPENDIENTE   **¿Quiere transparencias?**

EL TURISTA VIEJO   **No, sólo impresiones de 7 por**
by

(sehn-TEE-may-trohs)
11 centímetros. (A centimeter is .39 of an inch.)

EL DEPENDIENTE   **Puede pasar por aquí**
come by

(pah-SAH-doh)   *(rray-koh-HEHR-lahs)*
pasado mañana para recogerlas. Aquí tiene el recibo.
the day after tomorrow   to pick them up

(foh-TOH-grah-foh)
el fotógrafo

(mee-LEE-may-trohs)
EL TURISTA VIEJO   **También quisiera comprar un carrete de película de 35 milímetros de**

(ehs-poh-see-SYOH-nays)   *(boh-NEE-tahs)*
20 exposiciones en blanco y negro. Hay tantas jóvenes bonitas en la calle hoy.
exposures   so many   pretty

¡Quiero sacarles la foto! Voy a casa ahora y busco mi cámara.
to take their picture

(kah-RRAY-tay) (pay-LEE-koo-lah)
el carrete de película
roll   film

(eem-pray-SYOHN)
la impresión
print

(ahm-plyah-SYOHN)
la ampliación
enlargement

_____   _____   _____

(trahns-pah-REHN-syahs)
las transparencias
slides

_____

(dyah-poh-see-TEE-bahs)
las diapositivas
slides

(KAH-mah-rah)
la cámara

(LEHN-tay)
el lente
lens

_____   _____   _____

la tienda de fotografía

Write out and say aloud the forms of the new **ar** verb below. It belongs to the "shoe" type and changes the **e** to **ie**.

(koh-mehn-ŞAHR)
COMENZAR = TO BEGIN

(koh-MYEHN-soh)
yo comienzo nosotros comenzamos *(koh-mehn-SAH-mohs)*

(koh-MYEHN-sahs)
(tú comienzas)

él   ellos
ella *(koh-MYEHN-sah)*   ellas *(koh-MYEHN-sahn)*
usted comienza   ustedes comienzan

When any form of **comenzar** occurs before the infinitive of another verb, it is followed by **a**. Example: *Comienzo a comprender mucho en español.* (I am beginning to understand a lot in Spanish.) Using this pattern, how would you say the following in Spanish?

1. I am beginning to speak Spanish. _____

_____

2. She begins to serve the meal. _____

3. We are beginning to eat. _____

4. You (plural) are beginning to learn *(aprender)* Spanish.

_____

(sah-pah-TEH-roh)   *(ohp-toh-may-TREES-tah)*

El zapatero y el optometrista

The shoemaker and the optometrist

(koh-noh-SEHR)   *(ehs-trahn-HEH-rah)*

Para conocer bien una ciudad extranjera hay que caminar mucho. Una persona tiene
     to get acquainted with   foreign

(ohb-sehr-BAHR)   *(ah-YEE)*

que ir al mercado y observar los productos que venden allí. También debe saber
     observe   there

(rray-gah-tay-AHR)   *(behn-day-DOH-rays)*   *(bee-see-TAHR)*

regatear un poco con los vendedores. Además, el turista necesita visitar los
to bargain   merchants

(moh-noo-MEHN-tohs) *(een-teh-RAYS)*   *(dee-feh-REHN-tays)* *(PAHR-tays)*

monumentos de interés en las diferentes   **partes de la ciudad. Son cosas que no podemos**
     interest

(ah-pray-SYAHR) *(DEHZ-day)*

apreciar bien desde la ventanilla de un autobús o un taxi. Para andar tanto es necesario
appreciate   from

(KOH-moh-dos)

llevar un buen par de zapatos cómodos. Si a uno no le quedan bien los zapatos, ¿cómo
     comfortable

va a caminar tanto por las calles? En este caso, hay que visitar la zapatería y hablar con

el zapatero.   so much

Write *Cierto* or *Falso* after each of the statements below.

1. Para conocer bien una ciudad extranjera hay que correr mucho. _____

(ahl-GOO-nohs)

2. En algunos mercados es posible regatear con los vendedores. _____
     some

ANSWERS
     2. Cierto   1. Falso

3. Los monumentos de interés están en la misma parte de la ciudad. _____

4. Es posible conocer bien una ciudad desde la ventanilla del autobús. _____

5. Para andar mucho hay que llevar zapatos cómodos. _____

6. El zapatero trabaja en una heladería. _____

EN LA ZAPATERÍA
(sah-pah-teh-REE-ah)
At the shoemaker's

el zapatero
shoemaker

(kohr-DOHN)
el cordón de zapato
shoelace

la sandalia
sandal

los zapatos
shoes

LA TURISTA   **Buenas tardes. ¿Puede reparar este zapato? El tacón está roto.**
(rray-pah-RAHR) repair   *(tah-KOHN)* heel   *(RROH-toh)* broken

EL ZAPATERO   **No, es de plástico y es imposible repararlo. Puedo ponerle otro tacón, si**
(PLAHS-tee-koh) *(eem-poh-SEE-blay)*   put on it

quiere. ¿Para cuándo necesita estos zapatos?

LA TURISTA   **Para mañana, si es posible. Sólo voy a estar aquí hasta pasado mañana.**

Soy turista.

EL ZAPATERO   **Vuelva mañana después de las cuatro pero antes de las ocho. Cierro a las**
(dehs-PWEHS) after   *(AHN-tays)* before   *(SYEH-rroh)* I close up

ocho. A propósito, ¿cómo es posible romper un tacón de este tipo?
(proh-POH-see-toh) by the way   *(rrohm-PEHR)* to break

LA TURISTA   **Tomo lecciones de   baile   flamenco y a veces   pierdo el   control y**
(lehk-SYOH-nays) lessons   *(BAHY-lay)* dancing   *(flah-MEHN-koh)*   *(BAY-says)* at times   *(PYEHR-doh)* I lose   *(kohn-TROHL)*

doy pisadas demasiado fuertes.
(pee-SAH-dahs) I stamp my feet   *(FWEHR-tays)* hard

220

NOTE: We usually associate flamenco dancing with southern Spain and the region of
(ahn-dah-loo-SEE-ah)
Andalucía. It is accompanied by guitar music, rhythmic clapping, stamping of feet, and the
clatter of castanets. Although typical of the South, you may also see a flamenco show (un
(tah-BLAH-oh)
tablao flamenco) in cities such as Madrid and Barcelona.

Can you supply the missing words from the conversation on page 220? Fill in the blanks in the
following sentences.

1. El _____ de la turista está roto.

2. El tacón roto es de _____.

3. El zapatero no puede _____ el tacón roto.

4. La turista sólo va a estar en la ciudad hasta _____ mañana.

5. Ella debe volver mañana _____ de las cuatro.

6. El zapatero _____ (cerrar) la zapatería a las ocho.

7. La turista toma lecciones de _____ flamenco.

8. A veces ella _____ (perder) el control y da pisadas demasiado

_____.

Consult our previous pictures. Then tell us below the names of three things you might find at the
shoemaker's.

_____ , _____ , _____

Conocer, saber
To get or be acquainted with, to know

The verb **conocer** means to get or be acquainted with or to know in the sense of "to be familiar
with." Don't confuse it with **saber**, which means to know facts and information or to know
how to do something. Notice that for the *Yo* form of *conocer* we insert a **z** before the final **c**.
Try practicing the forms on the next page.

CONOCER	
(koh-NOHS-koh) **yo conozco**	*(koh-noh-SAY-mohs)* **nosotros conocemos**
(koh-NOH-says) **(tú conoces)**	
él **ella** *(koh-NOH-say)* **usted conoce**	**ellos** **ellas** *(koh-NOH-sehn)* **ustedes conocen**

EN EL OPTOMETRISTA
At the optometrist

(ohp-toh-may-TREES-tah)
el optometrista

(GAH-fahs) (RROH-tahs)
las gafas   rotas
eyeglasses broken

(LEHN-tay)
el lente
lens

(mohn-TOO-rah)
la montura
frame

(RROH-tohs)

EL TURISTA   **La montura y uno de los lentes de mis gafas están rotos. ¿No ve usted?**
broken

(KAHL-may-say)   *(sehn-TAHR-say)*
EL OPTOMETRISTA   **Muy bien. Cálmese. Puede sentarse aquí. Puedo repararle las gafas**
Calm down.   sit down
(rray-SAY-tah)
en pocos minutos si usted tiene la receta para los lentes.
a few   prescription

(dehs-grah-syah-dah-MEHN-tay)
EL TURISTA   **Desgraciadamente, no tengo la receta.**
Unfortunately

(ah-yoo-DAHR-loh)
EL OPTOMETRISTA   **Entonces, no puedo ayudarlo. ¿No tiene otras gafas o lentes de**
help you

(kohn-TAHK-toh)
contacto?

EL TURISTA   **Otras gafas, no. Pero tengo un lente de contacto. Pero sólo *uno*.**
only

(OH-hoh)   *(ah-SEE)*
EL OPTOMETRISTA   **Entonces, puede meter el lente en un ojo y cerrar el otro ojo. ¡Así va a**
eye   that way
ver bien!

222

	(BAHN-koh)
25	## El banco The bank

PAÍSES Y MONEDAS
Countries and Currencies

Every Spanish-speaking country has its own currency though sometimes several share one name for it. (Only the name, not the value.) The rate of exchange varies widely. You can always find the current one at the nearest bank. The places listed all have Spanish as the only official language or one of the official languages. You do not have to exchange your U.S. dollars in

(pah-nah-MAH)

two places: Puerto Rico and Panamá. The former, being a "commonwealth" of the United

(ehs-TAH-doh) (LEE-bray) (ah-soh-SYAH-doh) (PWEHR-toh) (RREE-koh)

States *(Estado Libre Asociado de Puerto Rico)* uses the U.S. dollar exclusively.
Free Associated State of Puerto Rico

(kah-NAHL)

In Panamá, because of the Panama Canal *(el Canal de Panamá)*, the national currency and the U.S. currency are interchangeable. In fact, in that country there are no banknotes, only coins; the bills used every day everywhere are U.S. dollars.

(kohn-tee-NEHN-tay) Continente y país Continent and Country	*(moh-NAY-dah)* Moneda Currency
(ay-oo-ROH-pah) Europa—España	euro
(nohr-tay-ah-MEH-ree-kah) Norteamérica—Mexico	*(Pay-soh)* peso
(sehn-troh-ah-MEH-ree-kah)(kah-REE-bay) Centroamérica y el Caribe— Caribbean	
(KOHS-ta) (RREE-kah) Costa Rica	*(koh-LOHN)* colón
(KOO-bah) Cuba	peso
(sahl-bah-DOHR) El Salvador	colón

(kohn-tee-NEHN-tay) Continente y país Continent and Country	(moh-NAY-dah) Moneda Currency

(gwah-tay-MAH-lah) Guatemala	(keht-SAHL) quetzal
(ohn-DOO-rahs) Honduras	(lehm-PEE-rah) lempira
(nee-kah-RAH-gwah) Nicaragua	(KOHR-doh-bah) córdoba
(pah-nah-MAH) Panamá	(bahl-BOH-ah) balboa
Puerto Rico	(DOH-lahr) dólar
(rray-POO-blee-kah) República (doh-mee-nee-KAH-nah) Dominicana	peso
(soo-rah-MEH-ree-kah) Suramérica—	
(ahr-hehn-TEE-nah) Argentina	peso
(boh-LEE-byah) Bolivia	peso
(koh-LOHM-byah) Colombia	peso
(CHEE-lay) Chile	peso
(ay-kwah-DOHR) Ecuador	(SOO-kray) sucre
(pah-rah-GWAHY) Paraguay	(gwah-rah-NEE) guaraní
(peh-ROO) Perú	sol
(oo-roo-GWAHY) Uruguay	(oo-roo-GWAH-yoh) peso uruguayo
(bay-nay-SWAY-lah) Venezuela	(boh-LEE-bahr) bolívar

(Courtesy of Ernst Klett Verlag, Stuttgart)

NOTE: The symbol $ is used not only for U.S. dollars but for all those *pesos* you see on the list. It is derived from the "Spanish milled dollar," the first currency used in the colonies when they were fighting the British. It was a Spanish coin minted in Mexico. It had two pillars with drapes around them to distinguish it from a coin of the same value minted in Spain at the time.

EL BANCO, EL CAMBIO,
(KAHM-byoh)

(CHAY-kays)   *(byah-HEH-roh)*
LOS CHEQUES DE VIAJERO

The bank, the money exchange, traveler's checks

Whatever you have to do in the bank, these are words you should know. Try writing them out; then say them aloud.

(HEHN-tay)
Gente y cosas
People and things

el cheque
traveler's check
de viajero

(ehm-play-AH-doh)
el empleado del banco
bank employee

(kohn-TAHN-tay)
el contante
cash

(KAH-hah)
la caja
cashier's window

(kah-HEH-roh)
el cajero
teller

(dee-NEH-roh)
el dinero
money

(boh-LAY-tah)(day-POH-see-toh)
la boleta de depósito
deposit slip

(rray-TEE-roh)
la boleta de retiro
withdrawal slip

(PREHS-tah-moh)
el préstamo
loan

(heh-REHN-tay)
el gerente
manager

(lee-BRAY-tah)
la libreta
check book

el banco

Cómo . . .

How to . . .

(kahm-BYAHR)
cambiar
to exchange

(TAH-sah)
la tasa del
rate
(KAHM-byoh)
cambio
exchange

pagar
to pay

(koh-BRAHR)
cobrar un
to cash
cheque

(day-poh-see-TAHR)
depositar

(rray-tee-RAHR)
retirar
to withdraw

(ah-BREER) (KWEHN-tah)
abrir una cuenta
to open an account

(feer-MAHR)
firmar

See if you can remember these useful things. Check the appropriate words which describe each picture below.

1. **la montura**
   la caja

2. **la libreta**
   el contante

226

3. **el gerente**
   el billete de banco

_____

4. **el cajero**
   el gerente

_____

5. **la boleta de depósito**
   la boleta de retiro

_____

6. **el contante**
   el cheque de viajero

_____

Try to complete the following sentences.

1. Quisiera _____ dieciocho
   <u>to exchange</u>
   (DOH-lah-rays)
   dólares americanos.

2. Quisiera _____ un cheque.
   <u>to cash</u>

3. Quisiera _____ dos
   <u>to withdraw</u>
   mil euros.

4. Quisiera _____ once
   <u>to deposit</u>
   mil euros.

Now, read the following conversation out loud several times. It can be helpful when you need to cash some traveler's checks. Remember, do it at a bank and save yourself some money.

El señor Smith y su esposa entran en un banco porque quieren cambiar algunos cheques de viajero por pesetas.
                                                    for

(ah-kah-BAH-mohs)

EL SEÑOR SMITH   **Buenos días, señor. Mi esposa y yo acabamos de llegar a Madrid. Nos**
                                                have just arrived   in

(dee-behr-TEER-nohs)

hace falta cambiar algunos cheques de viajero. Vamos a divertirnos   esta noche
                                                 to have a good time   tonight

(kloob) (nohk-TOOR-noh)
en un club nocturno.
        nightclub

EL CAJERO **Necesito ver su pasaporte.**
(pah-sah-POHR-tay)

EL SEÑOR SMITH **¿Por qué?**
(ee-dehn-tee-fee-KAHR-loh)

EL CAJERO **Para poder identificarlo.**
identify you

EL SEÑOR SMITH **Quisiera cambiar trescientos dólares.**

¿A cuánto está el cambio hoy?
How much

EL CAJERO **No sé, señor. Voy a hablar con el gerente.**

El va a saberlo.

EL SEÑOR SMITH **¿Puede cambiar los cheques?**
(soo-fee-SYEHN-tay)

EL CAJERO **¡No sé si tenemos suficiente   dinero en el banco!**
whether

Now, fill in the missing parts of the dialogue above. Do you have to peek?

Buenos días, señor. Mi esposa y yo _____ de llegar a Madrid. Nos hace

falta _____ algunos cheques de _____. Vamos a

_____ esta noche en un club _____.

Necesito _____ su pasaporte.

¿Por qué?

Para _____ identificarlo.

Quisiera cambiar trescientos dólares. ¿A cuánto está el _____ hoy?

No sé, señor. Voy a hablar con el _____. El va a saberlo.

¿Puede cambiar los _____?

¡No sé si tenemos _____ dinero en el banco!

Verbos

Practice writing and saying the forms of the new verb below. It is both a "shoe" verb and a **se** verb.

(dee-behr-TEER-say)

**DIVERTIRSE = TO ENJOY ONESELF,
TO HAVE A GOOD TIME**

(dee-BYEHR-toh)
yo me divierto

(dee-behr-TEE-mohs)
nosotros nos divertimos

(dee-BYEHR-tays)
(tú te diviertes)

él
ella   *(dee-BYEHR-tay)*
usted se divierte

ellos
ellas   *(dee-BYEHR-tehn)*
ustedes se divierten

Practice saying the sentences below. Each time substitute one of the subjects suggested in parentheses.

Nosotros nos divertimos en el parque.   (Usted, Yo, Ellos)
Ella se divierte en el cine.   (Nosotros, Ustedes, Yo)

(ah-KAH-bah)
El señor Smith acaba de llegar al banco. Quiere depositar un cheque de quinientos dólares
has just arrived

americanos en su cuenta. Luego, dice que quiere cambiar doscientos dólares por euros.
account   that

El cajero le da una boleta de depósito que tiene que firmar.
which

Can you choose the right answers below?

El cajero
¿Quién acaba de llegar al banco? El señor Smith

Depositar dinero.
¿Qué quiere hacer el señor Smith? Sacar dinero.

Pagar doscientos dólares.
¿Qué otra cosa quiere hacer? Cambiar doscientos dólares.

Un cheque
¿Qué le da el cajero? Una boleta

Tiene que firmar.
¿Qué tiene que hacer el señor Smith? Tiene que salir.

229

¿Cómo decimos *acabar de* hacer algo?

How do we say have or has just done something

> **Acabar de** + infinitive of another verb

EXAMPLES:
(ah-KAH-boh)
Yo acabo de llegar.
I have just arrived.

Ella acaba de comer.
She has just eaten.

Using this pattern, can you write the following in Spanish?

I have just come. _____

We have just bought a house. _____

She has just left. _____

You (plural) have just spoken. _____

26 | **El correo**
(koh-RRAY-oh)
Postal service/Post office

(hoh-SAY)   *(ahm-bee-SYOHN)*   *(BEE-dah)*   *(kahr-TEH-roh)* *(TOH-dohs)*
José tiene una gran ambición en la vida. Quiere ser cartero.   Todos los días José
Joe   life   mailman   every day

(FEEN-hay)   *(KAHR-tahs)*   *(KWAHR-toh)*   *(mah-YOHR)*
finge que es cartero pero no tiene cartas. Un día José va al cuarto de su hermana mayor y
pretends   letters   room   older

(AH-bray)   *(KAH-hah)* *(YAY-nah)* *(KOH-sahs)* *(koo-RYOH-sahs)*
abre una gran caja   llena de cosas   curiosas. En la caja hay un paquete de cartas. El las
opens   box   full   things   strange

(DEH-hah)
toma y sale a la calle en su pequeño traje de cartero. Va de puerta en puerta y deja una de
from   to   leaves

las cartas en la casa de todos sus vecinos. Cuando vuelve a casa le dice a su hermana que
all

(behr-dah-DEH-roh) *(ehs-PLEE-kah)*
ahora se siente como un cartero verdadero. Le explica que hoy
like   real   explains

(een-teh-ray-SAHN-tay)
todos los vecinos tienen una carta interesante de la caja de ella.

(poh-SEE-blay)
«Pero, ¿cómo es posible?» pregunta su hermana.

(ah-MOHR)
«¡Son las cartas de amor que me escribe
love

(NOH-byoh) *(rrah-fah-EHL)*
mi novio   Rafael!»
sweetheart

231

Letters between Europe and the U.S. should always be sent via air mail. Otherwise, they are very long in arriving. Even with air mail service, you should count on your post cards and letters taking close to two weeks to arrive. For the tourist on the move, it is wise to choose one or two major cities as your base of operations, for example, Madrid and Barcelona. Then, before you leave the U.S., you can advise your friends and relatives to send mail to you to the American Express Offices in those cities. American Express is very accommodating in this respect and will hold your letters for you for a reasonable period of time. Your local American Express agent in the U.S. can supply you with a list of the addresses of its offices in Spain. For *emergency* communications back home, it would be wise to telegraph your message. To do this, you will need to ask the following question at the desk of your hotel: *¿Dónde puedo poner*

send

un telegrama? They will direct you to the nearest telegraph office. To save on your telegraph expenses, you would be wise to send a *carta nocturna* (a night letter) which will be delivered back home the next day.

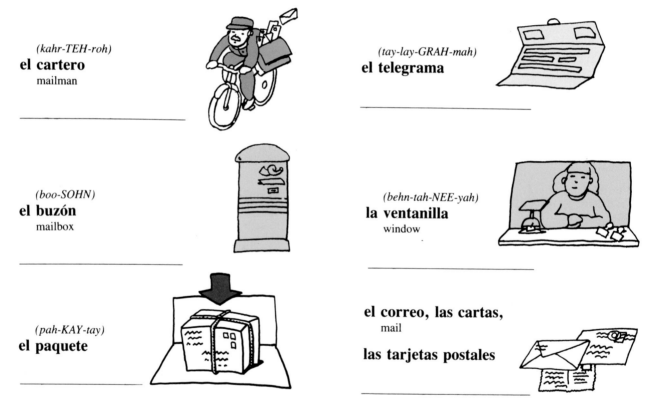

(kahr-TEH-roh)
el cartero
mailman

(tay-lay-GRAH-mah)
el telegrama

(boo-SOHN)
el buzón
mailbox

(behn-tah-NEE-yah)
la ventanilla
window

(pah-KAY-tay)
el paquete

el correo, las cartas,
mail

las tarjetas postales

(HOO-lyah)
Fred wants to send a package to the U.S. from Madrid. Julia takes him to the Plaza de la

(pah-LAH-syoh)　*(koh-moo-nee-kah-SYOH-nays)*
Cibeles where the **Palacio de las comunicaciones** is located. This is the name for Madrid's imposing post office.

(koh-BRAHR-may)
FRED　**Este paquete no pesa mucho pero es muy grande. ¿Van a cobrarme mucho para**

charge me

(mahn-DAHR-loh)
mandarlo?
to send it

232

JULIA   **Va a mandarlo por correo aéreo, ¿no?**
       (ah-AY-ray-oh)
       by   airmail

FRED   **No.**

JULIA   **Entonces, no va a costarle demasiado pero no va a llegar muy pronto.**
       (kohs-TAHR-lay)
       to cost you

FRED   **¿Cuándo va a llegar?**

JULIA   **Dentro de seis semanas, más o menos.**
   (DEHN-troh)   *(MAY-nohs)*
  within   more or less

FRED   **Pero, es un regalo de boda para mi hermana y**
       (BOH-dah)
       wedding

  ella se casa dentro de dos semanas.
    (KAH-sah)
  is getting married

JULIA   **¿Qué tipo de regalo es?**

FRED   **Es una broma. Son muchos pañales . . . . Quiero ser tío muy pronto.**
    (BROH-mah)   *(pah-NYAH-lays)*
    prank   diapers

JULIA (laughingly)   **No se preocupe.**   **Creo que su paquete va a llegar con tiempo de**
      (pray-oh-KOO-pay) (KRAY-oh)
      don't worry   I believe   time to spare

(SOH-brah)
sobra.

After you have read the conversation above several times, see if you can fill in the missing words below.

Este _____ no _____ mucho pero

es muy grande. ¿Van a cobrarme mucho para _____?

Va a mandarlo por correo _____, ¿no?

No.

Entonces, no va a costarle _____ pero no va a llegar muy_____.

¿_____ va a llegar?

Dentro de seis semanas, _____ o _____.

Pero, es un regalo de _____ para mi hermana y ella se

_____ dentro de dos _____.

¿Qué _____ de regalo es?

Es una _____. Son muchos pañales. . . . Quiero ser

_____ muy pronto.

No se _____ . Creo que su paquete va a llegar con tiempo de _____ .

Fred y Julia entran en el correo y van a la ventanilla para paquetes postales.

(BAHR-koh)

FRED (to the postal employee) **Quisiera mandar este paquete por barco a los Estados**
                                                                                  ship

Unidos.

(fohr-moo-LAH-ryoh)

EL EMPLEADO **Tiene que llenar este formulario primero. Escriba su nombre, su apellido**
                              fill out   form

y su dirección.

(bah-LAHN-sah)   *(frahn-KAY-oh)*

(El empleado pesa el paquete en la balanza y Fred paga el franqueo.)
                                              scales   postage

FRED **¿Puede usted venderme unos sellos aéreos?**

EL EMPLEADO **Los venden en la ventanilla de sellos.**

(ah-MEE-gohs)

JULIA **¿Por qué no compra algunas tarjetas postales para sus amigos en los**
                                                                          friends

Estados Unidos?

(kah-SEE-yah)

FRED **Voy a comprarlas después. Primero quiero ver si hay cartas en mi casilla.**
              afterwards   post office box

(ehs-PEH-roh)   *(eem-pohr-TAHN-tay)*

Espero una carta muy importante. Si voy a quedarme aquí más tiempo, necesito un
I am expecting   to stay

cheque de mi padre.

Can you answer these questions after having read the conversation above several times?

1. In the post office, where do you take packages to be mailed? A la _____ .

2. What do you say if you don't want to send a package by air mail? Quiero mandar este

paquete por _____ .

3. What do you need to fill out to send a package? Un _____ .

ANSWERS

1. ventanilla para paquetes postales   2. barco   3. formulario

---

Recuerde

Remember

Look at the following sentence very carefully: *Veo a María*. You may wonder why we have used the word **a** in front of *María*. The reason is this: when a person (rather than a thing) is acted upon by someone, Spanish places the word **a** in front of the person who is the object of the action. María is acted upon by me as I look at her. Consequently, we must use **a** in front of her name. The **a**, in this instance, cannot be translated into English. Its only purpose is to serve as a *signal* which tells us that following it there will be a person who will be acted upon by the preceding verb. The **a** normally is not used in such cases if there is a *thing* which is acted upon.

In the sentences below, first underline the thing or person acted upon. Then, if it's a person, write **a** in the space. If it is a thing, leave the space blank. Be sure to say each sentence aloud.

1. Vemos _____ los muchachos.

2. Miramos _____ los cuadros.

3. Necesito _____ mi madre.

4. Conozco _____ los turistas.

5. Fuman _____ los cigarrillos.

6. Espera _____ su hijo.

7. Queremos _____ nuestra abuela.

8. Entiende _____ muchas lenguas.

9. Comprendo _____ los españoles.

   (lehk-SYOHN)
10. Comienzan _____ la lección.
   lesson

Cómo decimos *tratar de hacer algo*

How we say to try to do something

> *(trah-TAHR)*
> **Tratar de** + infinitive of another verb

(TRAH-toh)
EXAMPLES: **Trato de aprender mucho español.**
I am trying to learn a lot of Spanish.

(trah-TAH-mohs)
Tratamos de entender la lección.
We try to understand the lesson.

ANSWERS
1. a 2. (blank) 3. a 4. a 5. (blank) 6. a 7. a 8. (blank) 9. a 10. (blank)

235

Can you read the following sentences and understand them? Give it a "try."

(TRAH-tay)
¡Trate de hacerlo!
(TRAH-tahn)
Tratan de beber mucha agua.
    (TRAH-tah)
Rafael trata de hacer una pregunta.
             (behr-DAHD)
Nosotros siempre tratamos de decir la verdad.
              truth
Trato de llegar temprano.

Can you answer the following questions with complete sentences in Spanish? Write out your answers and say them aloud.

1. ¿Siempre trata usted de decir la verdad?

   _____

2. ¿Trata usted de acostarse temprano? (Be sure to change the *se* of the infinitive to *me*, because you will be talking about yourself.)

   _____

3. ¿Trata usted de aprender mucho español?

   _____

Can you decide whether we should use **a** or not in the spaces provided in each sentence below?

1. Quiero _____ mi esposa.

2. Necesito _____ el mapa.

3. Llaman _____ su padre.

4. Lavo _____ la ropa.

5. Pagan _____ los mozos.

6. Esperamos _____ el autobús.

7. Miran _____ la joven.

8. Sirve _____ los clientes.

9. Alquilamos _____ un coche.

10. Traigo _____ mi amiga a la fiesta.

DIGA ... DIGA ...
Hello

NOTE: In some Spanish-speaking countries you may *(ah-LOH)* also hear "Bueno ..." and "Aló ..." for "Hello" on the phone. Try writing out and saying aloud the following words and expressions you might need to use on the telephone.

(mahr-KAHR)
marcar un número
to dial

(koh-moo-nee-KAHN-doh)
Está comunicando.
busy

No oigo bien.
I can't hear

(tay-lay-foh-NEES-tah)
la telefonista
operator

(kohl-GAHR)
colgar
to hang up

(kohn-feh-REHN-syah)
una conferencia
call

(yah-MAH-dah)
una llamada (Spain)
call

(yah-MAH-doh)
un llamado
call
(some Latin American countries)

(loh-KAHL)
una llamada local
call

(LAHR-gah) *(dees-TAHN-syah)*
una llamada a larga   distancia
long distance call

una llamada de persona a persona
person-to-person call

(tay-LAY-foh-noh)
el teléfono
telephone

(ay-kee-boh-KAH-doh)
un número equivocado
wrong number

por cobrar al número llamado
collect call

(GHEE-ah) *(tay-lay-FOH-nee-kah)*
la guía   telefónica
telephone directory

(bee-see-TAHR)

John y Ann quisieran visitar a sus

(pah-RYEHN-tays)   *(yah-MAHR-lohs)*

parientes en Sevilla. Primero, John tiene que llamarlos por teléfono.
relatives   to call them on the

(kah-BEE-nah)   *(tay-lay-FOH-nee-kah)*

La Cabina   Telefónica

JOHN *(to a passerby in the street)*   **¿Puede decirme**

(POO-blee-koh)

dónde hay un teléfono público?

(trahn-say-OON-tay)

EL TRANSEÚNTE   **Hay una cabina telefónica en la próxima esquina.**
passerby

(boos-KAHR)

JOHN *(to Ann)*   **Voy a buscar unas monedas en este bar.**
                   to get

(MAHR-kah)

Los dos van a la cabina telefónica y John entra. Marca el número de la telefonista, habla

(koh-NEHK-tah)

con ella y mete sus monedas en la ranura. La telefonista le conecta con la casa de su tío.
  her

EL TÍO   **Diga. . . .**

JOHN   **Tío José, soy yo, John.**
             it's me

(say-BEE-yah)

EL TÍO   **Hola, John. ¿En Sevilla otra vez?**
                         again

JOHN   **Sí, tío. Ann y yo vamos a ir a su casa esta tarde.**

EL TÍO   **Muy bien. Josefina y yo vamos a estar aquí toda la tarde.**

(AHS-tah)

JOHN   **Bien, tío. Hasta pronto.**
               See you soon.

(KWEHL-gah) *(rray-sehp-TOHR)*   *(ah-BREER)* *(pohr-tay-SWAY-lah)*

John cuelga el   receptor y trata de abrir la   portezuela de la cabina telefónica. No puede
  hangs up   receiver   to open   door

abrirla.

(soh-KOH-rroh)

JOHN *(panicked)*   **¡Socorro! Ann, no puedo abrir la portezuela. ¡Socorro!**
                  Help!

(RREHS-toh)

¿Voy a pasar el resto de mi vida en esta cabina?

In Madrid, transatlantic phone calls may be conveniently placed if you go directly to the

(tay-lay-FOH-nee-kah)   *(grahn)* *(BEE-ah)*

offices of La Telefónica which is located on the Gran Vía. When you enter the building and

telephone company   Madrid's main street

(trahns-aht-LAHN-tee-kah)

approach the desk, you will need to say, "Quiero poner una conferencia transatlántica a los

to place

Estados Unidos." When your call is placed, it will be announced over the loudspeaker, and you will be directed to a booth where you can hold your conversation in privacy. You will also be able to make calls directly from your hotel room by having the hotel operator assist you, but this is considerably more costly.

Circle the correct words or expressions to complete the following sentences.

1. John quiere
   - marcar.
   - conocer a su tío.
   - llamar por teléfono.

2. John no puede
   - romper
   - abrir la portezuela.
   - ver.

3. Antes de colgar el receptor Juan dice
   - «Buenas tardes».
   - «Diga».
   - «Hasta pronto».

4. John mete las monedas en la
   - ranura.
   - lavadora.
   - portezuela.

5. John llama desde *(DEHZ-day)*
   from
   - el hotel.
   - una cabina telefónica.
   - su casa.

6. Después de meter las monedas en la ranura John
   - marca el número.
   - cuelga el receptor.
   - se duerme.

Verbos

Try practicing the two new verbs below. You will see that the first one is of the "shoe" type and changes the **o** to **ue**. Say the forms aloud several times.

(rray-kohr-DAHR) **RECORDAR = TO REMEMBER**
(rray-KWEHR-doh)   *(rray-kohr-DAH-mohs)*   yo recuerdo   nosotros recordamos   *(rray-KWEHR-dahs)*   (tú recuerdas)   él   ellos   ella *(rray-KWEHR-dah)* ellas *(rray-KWEHR-dahn)*   usted recuerda   ustedes recuerdan

(lay-EHR) **LEER = TO READ**
(LAY-oh)   *(lay-AY-mohs)*   yo leo   nosotros leemos   *(LAY-ays)*   (tú lees)   él   ellos   ella *(LAY-ay)* ellas *(LAY-ehn)*   usted lee   ustedes leen

239

NOTE: Telephone numbers may be divided in some countries by hyphens at different points than we are accustomed to in the U.S. EXAMPLE: 23-78-65, etc.

Can you answer the questions below?

1. Who is the charming lady on the phone who helps you place your call?

   La _____

2. What term describes an out-of-town call?

   Una llamada _____

3. What is the name of the book you consult to find a phone number?

   La _____

4. When the wrong person answers your call, what have you gotten?

   Un número _____

5. Where can you make a phone call from the street?

   En la _____ telefónica.

6. When your phone rings and you lift the receiver, what do you say first?

   D _____ .

7. When you're broke and you want the person at the other end to pay the charges, what should you tell the operator? Por _____ al número llamado.

8. How do you describe the situation when the line is busy? Está _____ .

9. After you've taken the receiver off the hook and put the coins in the slot, what do you have to do next to get the party you're calling? Tengo que _____ el número.

10. If you're placing a long-distance call and you want to talk to only one specific person, what kind of a call should you place? Una llamada de _____ a _____ .

ANSWERS

1. La telefonista
2. Una llamada a larga distancia
3. La guía telefónica
4. Un número equivocado
5. En la cabina telefónica
6. Diga.
7. Por cobrar al número llamado.
8. Está comunicando.
9. Tengo que marcar el número.
10. Una llamada de persona a persona

Try answering the following questions aloud.

(noh-TEE-syahs)
¿Lee usted muchas revistas de noticias?
news

(mah-EHS-trah)
¿Recuerda usted el nombre de su primera maestra?
teacher

¿Cuántas veces por semana lee usted el periódico?
per

(pah-LAH-brahs) *(SOH-bray)*
¿Recuerda usted las palabras nuevas sobre el teléfono?
words   about

See how many words you can find below. Circle each one. There are 6 besides the free one we have given you.

F	E	T	E	L	É	F	O	N	O	Z	E	R	T
U	M	O	V	L	O	V	C	Ú	N	E	R	O	F
X	W	V	L	A	A	N	T	M	A	R	C	A	R
C	A	B	I	M	O	R	T	E	Q	U	A	R	P
C	O	L	G	A	R	B	O	R	Z	I	N	V	R
O	V	A	O	D	I	V	U	O	M	A	R	C	T
B	O	N	C	A	B	I	N	A	Q	O	R	A	M
R	U	R	E	D	U	X	I	V	B	C	A	T	O
A	S	E	T	O	S	E	J	A	E	U	B	U	Z
R	E	V	O	L	A	T	X	Z	U	B	U	O	K

28 *(MAY-dee-koh)* *(dehn-TEES-tah)* *(ohs-pee-TAHL)*
El médico, el dentista y el hospital
The doctor, the dentist and the hospital

(ehk-SAH-mehn) (MAY-dee-koh)
UN EXAMEN MÉDICO
checkup

(hwah-NEE-toh) (pah-KEE-toh)
Juanito and Paquito have one ambition in life: to become doctors. They're starting early to prepare for their profession by quizzing each other on the parts of the body.

JUANITO	*(KWEHR-poh) (oo-MAH-noh)* ¿Cuántas cabezas hay en el cuerpo humano? body
PAQUITO	*(TOHN-toh)* ¡Tonto! Sólo una. Silly
JUANITO	¿Dónde está la nariz?
PAQUITO	Está en la cara.
JUANITO	¿Dónde están las orejas?
PAQUITO	Las orejas están a los dos lados de la cabeza.
JUANITO	¿Con qué come una persona?
PAQUITO	*(BOH-kah) (ee-DYOH-tah)* Con la boca, ¡idiota! mouth
JUANITO	*(dee-FEE-seel)* *(BOH-kah)* Ahora, una pregunta muy difícil: ¿Qué cosas hay en la boca?
PAQUITO	*(LEHN-gwah) (DYEHN-tays)* En la boca hay una lengua y dientes. mouth tongue teeth
JUANITO	¿Cuántos dientes hay normalmente en la boca? normally
PAQUITO	Generalmente, hay 32 dientes en la boca.

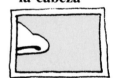
(kah-BAY-sah)
la cabeza

(nah-REES)
la nariz

(KAH-rah)
la cara
face

(oh-REH-hahs)
las orejas

JUANITO   *(OO-nay)*   *(KWEHR-poh)*
¿Qué une la cabeza al cuerpo?
      joins   body

PAQUITO **El cuello une la cabeza al cuerpo.**

Ahora, yo voy a hacer las preguntas.

¿Cuántos brazos tiene una persona?

JUANITO *(FAH-seel)*
Una pregunta fácil. Dos.
      easy

PAQUITO *(ehs-kree-BEE-mohs)*
¿Con qué escribimos?
      do we write

JUANITO *(MAH-noh)*   *(DAY-dohs)*
Con la mano y los dedos.
      hand   fingers

PAQUITO *(toh-TAHL)*
¿Cuántos dedos hay en total en las dos manos?

JUANITO **Tenemos 10 dedos en total.**

PAQUITO **¿Con que caminamos?**

JUANITO **Con las piernas.**

PAQUITO **¿Qué partes del cuerpo nos lavamos sólo una vez por año?**
      do we wash

JUANITO **Los pies.**

PAQUITO *(dee-BOO-hoh)*
¿De quién es el cuerpo del dibujo?
      drawing

JUANITO **No sé. No es un diez. Por cierto,**
      certainly

¡no puede ser Bo Derek!

(KWAY-yoh)
el cuello
neck

(BRAH-sohs)
los brazos
arms

(MAH-nohs)
las manos
hands

(DAY-dohs)
los dedos
fingers

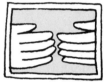

(PYEHR-nahs)
las piernas
legs

(pyays)
los pies
feet

el pelo
hair

(OH-hohs)
los ojos
eyes

(BOH-kah)
la boca
mouth

(bee-GOH-tay)
el bigote
mustache

(may-HEE-yahs)
las mejillas
cheeks

(PAY-choh)
el pecho
chest

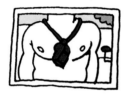

(FREHN-tay)
la frente
forehead

(trah-SEH-roh)
el trasero
behind

(OHM-brohs)
los hombros
shoulders

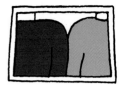

(SEH-hahs)
las cejas
eyebrows

(KOH-dohs)
los codos
elbows

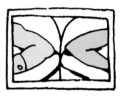

(PAHR-pah-dohs)
los párpados
eyelids

(DAY-dohs)
los dedos de los pies
toes

(rroh-DEE-yahs)
las rodillas
knees

(ehs-PAHL-dah)
la espalda
back

(DYEHN-tays)
los dientes
teeth

(LEHN-gwah)
la lengua
tongue

(BAHR-bah)
la barba
chin

(pehs-TAH-nyahs)
las pestañas
eyelashes

NOTE: With the parts of the body, we normally use *el, la, los, las* rather than *mi, su,* etc. to show possession, except when this might cause confusion. Also, we hear with the inner ear
(oh-EE-doh)
(el oído), rather than with the outer visible ear **(la oreja)**. Consequently, an earache would be
(doh-LOHR)
un dolor de oído. Likewise, we call the outer, visible neck and throat **el cuello**. The inner
(gahr-GAHN-tah)
throat through which we swallow is called **la garganta**. Hence, a sore throat is *un dolor de garganta.* Notice also that **mano** is feminine, even though it ends in **o**: *la mano, las manos.*

Circle the right words below to complete the sentences.

        diez
1. El hombre tiene dos cabeza.
        una

        Vemos
2. Oímos con los ojos.
        Corremos

        delante de
3. Las orejas están detrás de   la cabeza.
        a los lados de

        la cara.
4. La nariz está en la mano.
        los pies.

        las piernas.
5. Las manos están al fin de los brazos.
        los dedos.

        las manos.
6. Llevamos zapatos en las orejas.
        los pies.

ANSWERS

1. una 2. Vemos 3. a los lados de 4. la cara 5. los brazos 6. los pies

Draw a line between the matching words in both columns.

1. la frente   A. chest

2. los párpados   B. back

3. la barba   C. your piggies

4. los hombros   D. forehead

5. los codos   E. what you sit on

6. la espalda   F. shoulders

7. el pecho   G. eyelids

8. el trasero   H. knees

9. las rodillas   I. elbows

10. los dedos del pie   J. chin

¿En qué parte de la cara se ponen las mujeres un poco de colorete? En las _____

Y, ¿dónde se ponen mascara? En las _____

Sentarse
To sit down

Practice saying the new word aloud several times. It is a *se* verb and belongs to the "shoe" type. The *e* changes to *ie*.

(sehn-TAHR-say)
SENTARSE = TO SIT DOWN

(SYEHN-toh)
yo me siento

(sehn-TAH-mohs)
nosotros nos sentamos.

(SYEHN-tahs)
(tú te sientas)

él
ella *(SYEHN-tah)*
usted se sienta

ellos
ellas *(SYEHN-tahn)*
ustedes se sientan

Do not confuse **sentarse** with **sentirse** which we learned earlier. You should also be aware that *sentarse* describes an action: sitting down. Once one has sat down, we say he or she is seated

(sehn-TAH-doh) *(sehn-TAH-dah)*
(sitting): *Está sentado* *(sentada)*.

Can you answer the questions below? Say your answers aloud.

1. ¿Se sienta usted a la mesa para comer?
2. ¿Se sienta usted cuando está cansado (cansada)?
3. ¿Está usted sentado (sentada) ahora?
4. ¿Hay otra persona sentada en el cuarto con usted?
5. ¿Nos sentamos cuando conducimos el coche?

ANSWERS

Sentar. 1. Me siento a la mesa para comer. 2. Me siento cuando estoy cansado (cansada). 3. (No) estoy sentado (sentada) ahora. 4. (No) hay otra persona sentada en el cuarto. 5. Nos sentamos cuando conducimos el coche.

247

¡ABRA BIEN!
Open wide!

(rrah-dyoh-grah-FEE-ah)
la radiografía
x-ray

(ehm-PAHS-tay)
el empaste
filling

(ah) (sahl-TAH-doh)
Se me ha saltado un empaste.
One of my fillings has fallen out.

(ehm-pahs-TAHR)
empastar una carie
to fill a cavity

(sah-KAHR) (ehs-trah-EHR)
sacar   (extraer) un diente
to pull a tooth

(koh-ROH-nah)
la corona
crown

(tah-lah-DRAHR)
taladrar
to drill

(ehs-koo-PEER)
escupir
to spit

(KAH-ryay)
la carie
cavity

(dehn-TAH-lays)
Expresiones dentales

(ah-nehs-TAY-syah) (loh-KAHL)
una anestesia   local
local anesthesia

(leem-PYAHR)
limpiar los dientes
to clean the teeth

(PWEHN-tay)
el puente dental
bridge

EL DENTISTA

(teh-RAY-sah)   (MWAY-lah)   (FEE-hah)
Teresa tiene dolor de muela. Se fija hora con el dentista para las
toothache She makes an appointment

dos de la tarde.

(rray-sehp-syoh-NEES-tah)   *(seh-nyoh-REE-tah)*
LA RECEPCIONISTA   **Buenas tardes, señorita. ¿Tiene hora con**
miss

el dentista?

TERESA   *(mahr-TEE-nays)*
TERESA   **Sí, para las dos. Me llamo Teresa Martínez.**

                (dohk-TOHR)   *(ah-tehn-DEHR-lah)*   *(say-GHEE-dah)*
LA RECEPCIONISTA   **El doctor va a atenderla   en seguida.**
                          take care of you   right away

                             (kwahl)
EL DENTISTA   **Señorita Martínez, pase usted. ¿Cuál es el problema?**
                           come in   What

       (teh-RREE-blay)
TERESA   **Tengo un terrible dolor de muela.**

EL DENTISTA   **¿Tiene caries? ¿Se lava los dientes todos los días? Siéntese, por favor. ¿Se**
           (EE-loh)   *(DWAY-lay)*
  limpia los dientes con hilo dental? ¿En qué lado le duele?
     floss   does it hurt

                 (ah-TRAHS)
TERESA   **En el lado derecho y un poco atrás.**
                     towards the back

EL DENTISTA   **Por favor, abra bien la boca. Voy a mirar. Pero, Teresa, ¡esto es imposible!**
             (dehn-tah-DOO-rah)   *(pohs-TEE-sah)*
  ¡Usted lleva una dentadura   postiza!
     dentures

                        (rray-kohr-DAHR-loh)
TERESA   **Ah, sí. No sé por qué no puedo recordarlo. ¿Cuánto le debo?**
                             remember

                     (kohn-SOOL-tah)
EL DENTISTA   **Cincuenta euros por la consulta.**
                 consultation

The verb **doler** (to cause pain for someone, that is, to hurt) follows the pattern of **gustar**. Consequently, we use **me, (te), le, nos, les** in front of its forms to show *to* whom the pain is caused. **Doler**, in the present, has only two forms: **duele, duelen**, depending on whether one or more than one part of the body hurts. Notice that with *doler* the **o** changes to **ue**. Examples: *Me duele la cabeza. A Felipe le duelen los ojos.*

Try saying the sentences below following these two models. Substitute the words in parentheses each time you say the sentence. Remember to make all necessary changes each time.

Me duele *la cabeza.*   (un dedo, la rodilla, la garganta, el oído)

A María le duelen *los ojos.*   (los oídos, los pies, los dedos, las piernas)

DIGA «AAAH . . .»
Say «Aaah . . .»

Expresiones médicas
Medical expressions

(ehs-pay-syah-LEES-tah)
el especialista
specialist

(hay-neh-RAHL)
el médico general
general practitioner

(pah-SYEHN-tay)
el paciente
patient

(tehn-SYOHN) *(ahr-teh-RYAHL)*
la tensión   arterial
blood pressure

el peso
weight

sacar la lengua
to stick out the tongue

(MWEHS-trah) *(oh-REE-nah)*
la muestra de orina
urine sample

(ah-NAH-lee-sees) *(kwahn-tee-tah-TEE-boh)* *(SAHN-gray)*
el análisis   cuantitativo de la sangre
blood count

(see-roo-HAH-noh)
el cirujano
surgeon

(ehn-fehr-may-DAHD)
la enfermedad
illness

(see-roo-HEE-ah) *(mah-YOHR)*
la cirugía   mayor
major surgery

(trahns-foo-SYOHN)
la transfusión de sangre
blood transfusion

(ah-nehs-TAY-syah)
la anestesia
anesthesia

(may-NOHR)
la cirugía menor
minor surgery

(say-GOO-roh)
el seguro médico
health insurance

(oh-peh-rah-SYOHN)
la operación
operation

(rray-koo-peh-rah-SYOHN)
la recuperación
recuperation

(may-dee-kah-MEHN-toh)
el medicamento
medication

(een-yehk-SYOHN)
la inyección
injection

(rray-koh-BRAHR-say)
recobrarse
to recuperate

250

(ahn-tay-say-DEHN-tays)
los antecedentes médicos
medical record

(rray-SAY-tah)
la receta
prescription

(ehs-feeg-MOH-may-troh)
el esfigmómetro
blood pressure gauge

(tehr-MOH-may-troh)
el termómetro
thermometer

Try writing out and saying aloud the following sentences.

Necesito un médico general (un especialista).

_____

(een-flah-MAH-dah)
Tengo la garganta inflamada.
    infected

_____

(rrehs-pee-RAHR)
No puedo respirar bien.
    to breathe

_____

(nah-REES) *(tah-PAH-dahs)*
Tengo las ventanas de la nariz   tapadas.
    nostrils   stuffed up

_____

(dohk-TOHR)   *(ehs-kah-loh-FREE-ohs)*
Doctor, tengo escalofríos.
            chills and fever

_____

(TOH-soh)
Toso mucho.
I cough

_____

(rrehs-PEE-roh)

Tengo dolor en el pecho cuando respiro.

_____

Me duele la garganta.

_____

(GAHR-gah-rahs)

¿Debo hacer gárgaras?
    to gargle

_____

(ah-LEHR-hee-koh)   *(pay-nee-see-LEE-nah)*

Soy alérgico (alérgica) a la penicilina.

_____

(rray-say-TAHR-may)   *(tohs)*

¿Puede recetarme algo para la tos?
    prescribe for me   cough

_____

Answer the following questions please.

1. ¿Se sienta usted cuando le duelen los pies?

    _____

2. ¿Está usted sentado (sentada) cuando come?

    _____

(tay-lay-bee-SYOHN)

3. ¿Se sienta usted para ver televisión?

    _____

4. ¿Puede usted andar cuando está sentado (sentada)?

    _____

(soh-KOH-rroh)

¡Socorro!
Help!

Let's hope no emergencies come up. But if they do, you'll be prepared.

Note that in the conversation below the wife and the judge use the present tense, even though they are talking about a past event. As we mentioned earlier, this is done in both English and Spanish to make a story more vivid and real.

	(hwehs)	*(RROHM-pay)* *(KRAH-nay-oh)*
EL JUEZ	Entonces, ¿usted **rompe** el **cráneo** de	
judge		break skull

su esposo con el paraguas que lleva en la mano?

LA ESPOSA Sí, señor, pero sin **querer.**
                                    unintentionally

EL JUEZ ¿Un accidente, entonces?

(RROM-poh)
LA ESPOSA ¡El accidente es que **rompo** el paraguas!
                                    I break

(ahm-boo-LAHN-syah)
PARA LLAMAR UNA AMBULANCIA
To call an ambulance

(pray-pah-RAH-doh)   *(ay-mehr-HEHN-syahs)*   *(SOO-fray)* *(ah-TAH-kay)*
JUAN Debo estar **preparado** para las **emergencias.** Si mi esposa **sufre** un **ataque**
                    prepared   suffers   heart attack

(kahr-DEE-ah-koh)   *(ohs-pee-TAHL)*
cardíaco y tiene que ir en seguida al **hospital,** ¿qué tengo que hacer?

(HOHR-hay)   *(ah-sees-TEHN-tays)*
JORGE No es muy difícil. Los **asistentes médicos** la llevan al hospital en una ambulancia
                              paramedics

en pocos minutos.

(ohk-SEE-hay-noh)
JUAN ¿Y tienen **oxígeno** en la ambulancia?

253

JORGE **Claro. Y también pueden darle un masaje cardíaco, tomarle el pulso** *(POOL-soh)*

y **la tensión arterial.**
massage   cardiac

JUAN **Muy bien. Entonces, no tengo que preocuparme.** *(pray-oh-koo-PAHR-may)*
to worry

(neen-GOO-nah)

JORGE **De ninguna manera.**
not at all

PARA LLAMAR A LA POLICÍA
To call the police

There are several different types of police in Spain. The traffic policeman/policewoman,
(GWAHR-dyah) (TRAHN-see-toh)
guardia de tránsito, a good person to ask for directions, keeps the traffic moving smoothly.
The military police, who dress in dark brown Eisenhower jackets and berets, quell civil
(see-BEEL)
disturbances. The **Guardia Civil,** wearing olive-green uniforms, together with regional forces
perform functions similar to those of state policemen in the U.S.A. or the Mounties in Canada.

At a party, Richard, an American tourist, speaks with a retired police officer.

(nah-syoh-NAHL)

EL GUARDIA **En España tenemos una policía nacional que se llama La Guardia Civil.**
police force

(MYEHM-brohs)

RICHARD **¿Qué hacen los miembros de la Guardia Civil?**

(GWAHR-dahn)   *(frohn-TEH-rahs)*

EL GUARDIA **Los guardias civiles guardan las carreteras y las fronteras del país.**
guard   borders

(ay-dee-FEE-syohs) (POO-blee-kohs)   (oh-fee-SYAH-lays) (goh-BYEHR-noh)

Guardan los edificios   públicos y a los oficiales del   gobierno.
government

(pay-ah-TOH-nays) (rrehs-PAY-tahn) (seh-NYAH-lays)

RICHARD **En los Estados Unidos muchos peatones no   respetan las señales de tránsito**
pedestrians   observe   traffic signs

y **los semáforos.**
traffic signals   *(ehs-TREEK-tohs)*

EL GUARDIA **En las grandes ciudades de España, somos más estrictos. Un guardia de**
strict

(MOOL-tah)

tránsito, en estos casos, puede ponerle una multa al peatón que cruza la calle cuando
to fine

no debe hacerlo.

(LAY-yays)   (RRAY-glahs)   (seer-koo-lah-SYOHN)

RICHARD **Si es así, siempre voy a respetar las leyes y las reglas de la circulación.**
That way,   laws   rules   traffic

BEFORE LEAVING ON A TRIP
Antes de salir de viaje

Now you have come to the final step in your learning process, and the most important one. By now you should be prepared to cope with a wide range of everyday situations abroad. It's time to see how easily you will get along. How will you fare in the following situations? It may be worthwhile to look over each section of our book to refresh your memory. Try checking the appropriate boxes following the choices.

(see-twah-SYOHN)
Situación 1: Para conocer a la gente
Situation 1: Getting to know people

1. It's afternoon and you meet someone. What do you say to start up a conversation?

   a. Buenas tardes. ☐

   b. Hasta pronto. ☐

   c. Buenas noches. ☐

2. You have just run into a friend. What do you say?

   a. Diga. ☐

   b. Hola. ☐

   c. ¿Cómo se llama usted? ☐

3. Someone asks you how you are. Which two of the following are not possible as an answer?

   a. Soy americano (americana). ☐

   b. A las dos de la tarde. ☐

   c. Muy bien, gracias. ☐

Situación 2: La llegada
Situation 2: Arrival

1. You do not have a reservation at the hotel.

   a. ¿Cómo está, señor? ☐

   b. No tengo reservación. ☐

   c. Vivo en los Estados Unidos. ☐

2. You want to say you need a room.

   a. Me gusta al país. ☐

   b. Acabo de llegar. ☐

   c. Me hace falta un cuarto. ☐

3. You want to inquire about the price of a room.

   a. ¿Dónde estan los servicios? ☐

   b. ¿Cuánto es el cuarto? ☐

   c. ¿Es un cuarto exterior? ☐

Situación 3: Vamos a visitar los puntos de interés
Situation 3: Seeing the Sights

1. You're on foot, and you want to find a certain street. You ask a passerby the following. . .

   a. ¿Dónde está el correo? ☐

   b. ¿Cuándo pasa el próximo autobús? ☐

   c. ¿Dónde está la calle . . .? ☐

2. The passerby might give you various directions such as . . .

   a. Me acuesto tarde. ☐

   b. Ayer, hoy, mañana . . . ☐

   c. A la izquierda, a la derecha, derecho . . . ☐

3. Now you have just gotten on the bus. You want to ask where to get off. You say . . .

   a. Perdón, ¿cuánto cuesta el billete? ☐

   b. ¿Dónde debo bajar para el museo . . .? ☐

   c. ¿Es usted francés? ☐

4. You have flagged down a taxi. Before getting in, you want to know how much it will cost to get to Serrano Street.

   a. ¿Sabe usted dónde está la calle Serrano? ☐

   b. ¿Está muy lejos la calle Serrano? ☐

   c. ¿Cuánto cuesta para ir a la calle Serrano? ☐

ANSWERS
2: 1. b 2. c 3. b 3: 1. c 2. c 3. b 4. c

256

5. You've forgotten your watch. You stop a passerby to ask the time. You say . . .

a. ¿Tiene un horario? ☐

b. ¿Qué tiempo hace? ☐

c. ¿Sabe la hora? ☐

6. The passerby would *not* answer . . .

a. Son las dos y veinte. ☐

b. Es la una menos cuarto. ☐

c. Vale un euro. ☐

7. You're at the train station and you want to buy a ticket. You say . . .

a. Trato de aprender español. ☐

b. ¿Dónde está Barcelona? ☐

c. Necesito sacar un billete para Barcelona. ☐

8. The clerk tells you that you have to make a connection. He says . . .

a. Tiene que hacer empalme. ☐

b. Hace mucho frío hoy. ☐

c. El equipaje está en el furgón. ☐

9. You want to tell someone you're American and speak little Spanish. You say . . .

a. Soy suizo (suiza) y hablo alemán. ☐

b. Soy americano (americana) y hablo poco español. ☐

c. Mi mujer toma lecciones de italiano. ☐

10. If someone were to ask you what nationality you are, he or she would *not* say . . .

a. ¿Es usted mexicano (mexicana)? ☐

b. ¿Es usted inglés (inglesa)? ☐

c. ¿Es usted español (española)? ☐

d. ¿Está usted cansado (cansada)? ☐

e. ¿Es usted japonés (japonesa)? ☐

11. You want to rent a car cheaply. You might say to the clerk . . .

a. Quiero alquilar un coche caro. ☐

b. Quiero dejar el coche en otra ciudad. ☐

c. Quiero alquilar un coche barato. ☐

12. You want to fill the tank of your car. You might say . . .

a. Cuesta demasiado. ☐

b. Por favor, llene el tanque. ☐

c. Por favor, revise el aceite. ☐

13. You ask the employee of a campground about the facilities available. You would *not* say . . .

a. ¿Hay agua corriente? ☐

b. ¿Hay un parque infantil? ☐

c. ¿Tiene un plano de la ciudad? ☐

ANSWERS
5. c   6. c   7. c   8. a   9. b   10. d   11. c   12. b   13. c

257

14. If you ask the employee of the campground how much it costs to stay per day, what two things would he *not* say?

    a. dos kilómetros ☐

    b. nueve euros ☐

    c. un litro ☐

15. If someone were to ask you what the weather is like on a pleasant day in spring, you would *not* say . . .

    a. Hace buen tiempo. ☐

    b. Llueve. ☐

    c. El cielo está despejado. ☐

16. If it is a cold, wintry day, you would *not* say . . .

    a. Nieva hoy. ☐

    b. Hace calor hoy. ☐

    c. Hace frío hoy. ☐

17. At the airport, you might hear this over the loudspeaker . . .

    a. El vuelo número trescientos para Nueva York sale a las cuatro y diez. ☐

    b. El vuelo número trescientos para Nueva York es interesante. ☐

    c. El vuelo número trescientos para Nueva York cuesta mucho. ☐

18. To ask an airline employee at what time your flight leaves, you would say . . .

    a. ¿A qué hora sale mi vuelo? ☐

    b. ¿Viaja usted en coche? ☐

    c. ¿A qué hora llega el vuelo trescientos? ☐

Now read the brief story below to see if you understand its meaning. Pay particular attention to the verbs because afterwards we are going to do something very special with them.

Juan *duerme* hasta las ocho de la mañana. Cuando *se despierta, se levanta* en seguida, *va* al
    1   2   3   4
                                      (pee-HAH-mah)

cuarto de baño y *se lava* la cara. Luego, *se quita* el pijama y *se pone* la ropa. *Va* al
                          5   6   7   8

comedor y *se desayuna*. *Tiene* prisa porque *debe* estar en la estación del ferrocarril a las
dining room   9   10   11

diez. *Sale* del hotel y *espera* en la esquina. *Coge* el autobús, *paga* y *se sienta*. Cuando *llega*
    12   13   14   15   16   17

a la estación, le *hace* una pregunta al empleado y *saca* un billete. En el quiosco *compra* un
           18   19   20

periódico, luego *fuma* un cigarrillo y *mira* a los otros viajeros.
    21   22

ANSWERS

		12. Salgo	**6.** me quito
22. miro	**17.** llego	**11.** debo	**5.** me lavo
21. fumo	**16.** me siento	**10.** Tengo	**4.** voy
20. compro	**15.** pago	**9.** me desayuno	**3.** me levanto
19. saco	**14.** Cojo	**8.** Voy	**2.** me despierto
18. hago	**13.** espero	**7.** me pongo	**1.** duermo

14. a, c **15.** b **16.** b **17.** a **18.** a

You know, verbs are so important that you can't say a complete sentence without them. Let's see now how well you have learned some of the most important ones. Try reading the preceding paragraph, but suppose that you are Juan and that you are telling the same story about yourself. Start out with *Yo* instead of *Juan* and use the *Yo* form throughout. Remember that you will also change each *se* to *me*. You can check your answers at the bottom of the page. If you have trouble along the way, you will want to review the verbs which cause you problems.

Situación 4: Diversiones
Situation 4: Entertainment

1. You are going out for an evening's entertainment. Which sentence below might best apply?

   a. Vamos a la peluquería. ☐

   b. Vamos a la farmacia. ☐

   c. Vamos al cine. ☐

2. If someone asked you what your favorite sport is, which answer would you *not* give?

   a. Me gusta el ciclismo ☐

   b. Me gusta viajar. ☐

   c. Me gusta nadar. ☐

Situación 5: Vamos a pedir comida
Situation 5: Ordering Food

1. You want to ask where there's a good place to eat. You might say . . .

   a. ¿Dónde hay una zapatería? ☐

   b. ¿Dónde vive usted? ☐

   c. ¿Dónde hay un buen restaurante? ☐

2. As a possible answer to the previous question, you would *not* hear . . .

   a. Es posible tomar una gaseosa en el bar. ☐

   b. Este restaurante es muy bueno. ☐

   c. En la próxima esquina. ☐

3. When a waiter asks you to order, he might say . . .

   a. ¿Qué desea, señor (señorita, señora)? ☐

   b. ¿Puedo traerle la cuenta? ☐

   c. Voy a pedir pollo asado. ☐

4. To see the menu, you would say . . .

   a. ¿Quiere traer el menú, por favor? ☐

   b. ¿Qué postres hay en el menú? ☐

   c. ¿Le hace falta el menú? ☐

5. Which one of the following is not connected with eating?

   a. cenar ☐

   b. el almuerzo ☐

   c. desayunarse ☐

   d. oír ☐

   e. la merienda ☐

ANSWERS

4: 1. c 2. b   5: 1. c 2. a 3. a 4. a 5. d

259

Situación 6: En la tienda

Situation 6: At the Store

1. You have drawn up a grocery list. There's no supermarket available. Where will you get the things you want? Draw lines from the items to the stores you will visit.

1. leche	A. pastelería
2. trucha	B. bodega
3. uvas	C. heladería
4. vino	D. lechería
5. pan	E. carnicería
6. caramelos	F. pescadería
7. una tarta	G. panadería
8. un filete de ternera	H. frutería
9. helado	I. confitería

2. You go to a men's clothing store. Draw a line through the items you would most likely *not* find there.

bragas, camisas, corbatas, combinaciones, pantalones, sostenes, camisetas, cinturones, calcetines

3. One of the following lists has nothing to do with clothing. Draw a line through it.

   a. un traje azul, una chaqueta negra, una camisa blanca

   b. un vestido de algodón, una blusa verde, pantimedias

   c. alemán, francés, inglés

4. Cross out the question you would *not* ordinarily ask in a supermarket.

   a. ¿Cuánto cuesta?

   b. ¿Cuánto pesa?

   c. ¿Qué talla lleva?

   d. ¿Tienen papel higiénico?

5. Write *F* after the things you would usually associate with the *farmacia,* and *D* after those you would associate with the *droguería.*

   a. una receta _____

   b. discos _____

   c. revistas _____
      (kroos)
   d. una cruz verde _____
      cross

6. Which items below would you most likely take to a laundromat?

   a. detergente ☐

   b. ropa sucia ☐

   c. una flor ☐

   d. monedas ☐

7. Draw a line from the Spanish word or phrase to its English equivalent.

1. un corte de pelo	A. blond
2. tijeras	B. sideburns
3. bigote	C. waves
4. un lavado y un peinado	D. haircut
5. ondas	E. hairdresser
6. afeitar	F. scissors
7. rubio	G. mustache
8. patillas	H. a wash and set
9. peluquera	I. to shave

ANSWERS

7. 1. D 2. F 3. G 4. H 5. C 6. I 7. A 8. B 9. E
6. a, b, d
5. a. F b. D c. D d. F

261

8. Draw a circle around the place where you might ask each question.

    a. ¿Puede poner un tacón en este zapato? (la relojería, la tienda de artículos de regalo, la zapatería)

    b. ¿Tiene cigarrillos americanos? (el estanco, la tintorería, la papelería)

    c. ¿Cuánto vale esta revista? (el correo, el banco, el quiosco)

    d. ¿Puede mostrarme un anillo de oro? (la tienda de ropa, la joyería, el metro)

    e. ¿Puede venderme un bloc de papel? (la papelería, la carnicería, la parada del autobús)

Now, let's do something else with the verbs. Below is a short story. Try filling in the blanks with the right forms of each verb in parentheses. Don't forget to use the *se* when necessary.

Por la tarde Felipe _____ **(volver) a casa a las cinco. Cuando** _____
                                           1   2

(entrar), _____ **(quitarse) el abrigo. Luego,** _____ **(sentarse)**
                           3   4

porque _____ **(estar) muy cansado.** _____ **(Leer) el periódico y**
                5   6

luego _____ **(mirar) televisión. A las diez** _____ **(cenar) con su**
                7   8

familia. Después, _____ **(ir) a su cuarto,** _____ **(quitarse) la ropa**
                           9   10

y _____ **(ponerse) el pijama.** _____ **(Tener) sueño y**
            11   12

_____ **(acostarse) a la medianoche.** _____ **(Dormirse) en pocos**
       13   14

minutos.

262

Situación 7: Servicios esenciales

Situation 7: Essential services

1. You're at the bank and wish to exchange traveler's checks. You should say . . .

   a. ¿A qué hora sale mi vuelo? ☐

   b. ¿Debo tomar aspirina? ☐

   c. Quisiera cambiar estos cheques de viajero. ☐

2. To deposit money, you will need to ask for . . .

   a. una boleta de retiro ☐

   b. una boleta de depósito ☐

   c. una libreta ☐

3. A bank employee would *not* ask you . . .

   a. ¿Le hace falta una falda? ☐

   b. ¿Quiere firmar este formulario? ☐

   c. ¿Tiene su pasaporte? ☐

4. Cross out the items you would *not* associate with the post office.

   lentes, sellos, paquetes, franqueo, botas, casillas, tarjetas postales, cartas, postres

5. You answer a telephone call with . . .

   a. ¿Cómo está usted? ☐

   b. Hasta pronto. ☐

   c. Diga. ☐

6. If you want to make a long distance phone call, you say . . .

    a. Quiero pagar mi cuenta. ☐

    b. ¿Hay que dejar una propina? ☐

    c. Quiero poner (hacer) una llamada a larga distancia. ☐

7. Which sentence below would a doctor *not* usually ask?

    a. ¿Fuma usted mucho? ☐

    b. ¿Le duele la garganta? ☐

    c. ¿A qué hora sale el tren? ☐

8. Cross out the only sentence below which you would *not* use in case of an emergency.

    a. Por favor, llame a la policía.

    b. Necesitamos una ambulancia.

    c. Me gusta nadar.

    d. ¡Socorro!

ANSWERS

6. c 7. c 8. c

264

living room, kitchen, bathroom, bedroom

¿Qué cuartos tiene la casa?

hotel

¿Adónde llegan los turistas?

to walk

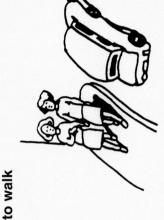

¿Qué hacen las dos muchachas?

daughter

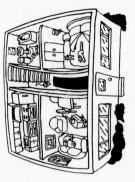

¿Quién es Susana?

elevator

¿Dónde están estas personas?

behind, in front

¿Dónde está el muchacho?

father

¿Quién es Pablo?

suitcase

¿Qué lleva el botones?

to get off (out of)

¿Qué hace el turista?

la *sala*: Miramos televisión en la *sala*.
la *cocina*: Comemos en la *cocina*.
el *cuarto de baño*: Nos lavamos en el *cuarto de baño*.
la *alcoba*: Dormimos en la *alcoba*.

---

el hotel
Los turistas llegan al *hotel*.

---

la hija
Susana es la *hija* de Pablo y Ana.

---

el padre
Pablo es el *padre* de Pedro y Susana.

---

el ascensor
Están en el *ascensor*.

---

la maleta
El botones lleva cuatro *maletas*.

---

detrás: El muchacho está *detrás* de la casa.
delante: El muchacho está *delante* de la casa.

---

caminar
Las dos muchachas *caminan* por la calle.
sinónimo: andar

---

bajar
El turista *baja* del taxi.

soft drink

¿Qué bebe el muchacho?

newspaper, magazine

¿Qué compramos en un quiosco?

to call oneself

¿Cómo se llama usted?

clock

¿Qué miran el padre y su hija?

church

¿Adónde va su familia el domingo?

to take

¿Qué hacen los Ramírez?

1:15

¿Qué hora es?

to be

¿De dónde es usted?

6 and 10

¿Qué hora es?

la gaseosa
El muchacho bebe una *gaseosa*.

el *reloj*
Miran el *reloj*.

cuarto
Es la una y *cuarto*.
sinónimo: quince

el *periódico*: Compramos
un *periódico* en un quiosco.
la *revista*: Compramos
una *revista* en un quiosco.

la iglesia
Mi familia va a la *iglesia* el domingo.

ser
Soy de los Estados Unidos.
Soy norteamericano (a).

llamarse
Me *llamo*….

tomar
Los Ramírez *toman* el autobús.
sinónimo: coger (Spain)

y
Son las seis *y* diez.

train

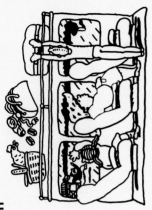

¿Cómo viajan los pasajeros?

French

¿Qué lengua habla el señor?

car

¿Dónde está el perro?

9 minus 21

¿Qué hora es?

ticket office

¿Dónde saca la señora su billete?

English

¿Qué lengua escribe este señor?

2:30

¿Qué hora es?

(train) platform

¿Dónde están los pasajeros y el mozo?

Spanish

¿Qué lengua entiende esta señorita?

el tren
Los pasajeros viajan en *tren*.

menos
Son las nueve *menos* veintiuno.

medio
Son las dos y *media*.
sinónimo: treinta

el francés
El señor habla *francés*.

la taquilla
Saca su billete en la *taquilla*.

el andén
Los pasajeros y el mozo
están en el *andén*.

el coche
El perro está en el *coche*.

el inglés
Este señor escribe en *inglés*.

el español
Esta señorita entiende *español*.

to be cold, to be hot

¿Qué tienen estas personas?

thirst, hunger

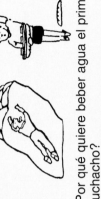

¿Por qué quiere beber agua el primer muchacho?
¿Por qué quiere comer el segundo muchacho?

sick

¿Cómo está el joven?

tire

¿Cómo se llama esta parte del coche?

service station

¿Adónde tiene usted que llevar el coche para llenar el tanque?

to rain, to be bad weather

¿Qué tiempo hace hoy?

tow truck

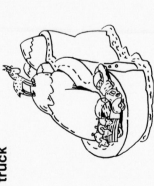

¿Qué necesita el coche?

grocery store

¿Dónde puede usted comprar mantequilla y jamón?

good weather, sun

¿Qué tiempo hace hoy?

tener frío   tener calor
Los dos hombres *tienen frío*.
La mujer *tiene calor*.

---

la sed   el hambre
El primer muchacho quiere beber agua
porque tiene *sed*.
El segundo muchacho quiere comer
porque tiene *hambre*.

---

enfermo
El joven está *enfermo*.

---

la llanta
Esta parte del coche se llama la *llanta*.

---

la estación de servicio
Tengo que llevarlo a la *estación de servicio*.

---

llover   hacer mal tiempo
Llueve hoy.
Hace mal tiempo hoy.

---

el remolcador
El coche necesita un *remolcador*.

---

la tienda de comestibles
Puedo comprarlos en la *tienda de comestibles*.

---

buen tiempo   sol
Hace *buen tiempo*.
Hace *sol*.

spring, summer, autumn, winter  ¿Cuáles son las estaciones del año?	**to run**  ¿Qué hacen estas personas?	**breakfast**  ¿Cuándo come usted pan tostado?
tall, short  ¿Cómo son la madre y su hija?	**theater** ¿Adónde vamos esta noche?	**swimming trunks**  ¿Qué lleva usted para nadar?
Fourth of July  ¿Cuál es la fecha de hoy?	**to sleep** ¿Qué hace el muchacho ahora?	**to know how to**  ¿Sabe usted nadar?

la *primavera*: En la *primavera* hace buen tiempo.
el *verano*: En el *verano* hace mucho calor.
el *otoño*: en el *otoño* llueve mucho.
el *invierno*: En el *invierno* nieva mucho.

correr
Estas personas *corren*.

el desayuno
Como pan tostado para el *desayuno*.

alto   bajo
La madre es *alta*.
Su hija es *baja*.

el teatro
Esta noche vamos al *teatro*.

el traje de baño
Llevo el *traje de baño* para nadar.

el Cuatro de Julio
Hoy es *el Cuatro de Julio*.

dormir
El muchacho *duerme* ahora.

saber
Sí, *sé* nadar.

coffee with milk, tea

¿Qué prefiere usted tomar para el desayuno?

vegetables, asparagus, spinach

¿Qué platos son éstos?

cheese, orange

De postre, ¿qué prefiere usted?

to eat

¿Qué le gusta al hombre?

bottle of wine

¿Qué podemos tomar con la cena?

water

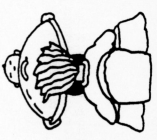

¿Quién trae la comida?

meat

¿Qué corta usted con el cuchillo?

hostess

¿Quién sirve a los pasajeros?

butter

¿Qué pone usted en su pan?

el café con leche   el té
Prefiero tomar *café con leche* para el desayuno.
Prefiero tomar *té* para el desayuno.

---

la legumbre   el espárrago
la espinaca
Son *legumbres.*
Son *espárragos* y *espinacas.*

---

el queso   la naranja
De postre prefiero *queso* o una *naranja.*

---

comer
Al hombre le gusta *comer.*

---

la botella de vino
Podemos tomar una *botella de vino* con la cena.

---

el camarero
El *camarero* trae la comida.
sinónimos: el mozo, el mesero

---

la carne
Corto la *carne* con el cuchillo.

---

la azafata
La *azafata* sive a los pasajeros.
sinónimo: la aeromoza

---

la mantequilla
Pongo *mantequilla* en mi pan.

to take off

¿Qué hace el joven?

candy store, liquor store

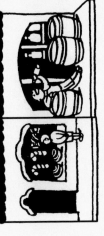

¿Dónde puede usted comprar una barra de chocolate? ¿Y una botella de vino?

aspirin

¿Qué toma usted cuando tiene un dolor de cabeza?

winter

¿En qué estación se pone usted el abrigo?

glove

¿Qué se pone usted en las manos si hace frío?

mountain climbing

¿Qué deporte les gusta a estas personas?

raincoat, umbrella

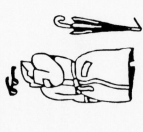

¿Qué lleva usted cuando llueve?

sock

¿Qué le hace falta a usted?

open-air market

¿Dónde es posible comprar comestibles baratos?

quitarse

El joven *se quita* la chaqueta.

---

la confitería   la bodega

Puedo comprar una barra de chocolate en una *confitería*.
Puedo comprar una botella de vino en una *bodega*.

---

la aspirina

Tomo *aspirina* cuando tengo un dolor de cabeza.

---

el invierno

Me pongo el abrigo en el *invierno*.

---

el guante

Me pongo *guantes* si hace frío.

---

el alpinismo

Les gusta el *alpinismo*.

---

el impermeable   el paraguas

Cuando llueve, llevo el *impermeable* y el *paraguas*.

---

el calcetín

Me hacen falta *calcetines* nuevos.

---

el mercado al aire libre

Es posible comprar comestibles baratos en el *mercado al aire libre*.

deodorant

¿Qué hay que usar todos los días?

beauty shop

¿Adónde va María para hacerse el permanente?

ballpoint pen, stationery

¿Qué puede usted encontrar en una papelería?

electric razor

¿Qué usan los hombres para afeitarse?

haircut

¿Cuándo va Juan a la barbería?

tobacco-stamps store

¿Dónde venden cigarrillos y sellos?

drug store, pharmacy

¿Adónde va usted para comprar un peine?
¿Adónde tiene que llevar las recetas?

washer, dryer

¿Dónde pone usted detergente?
¿Qué usa para secar la ropa?

shampoo

¿Qué hace falta para lavarse el pelo?

el desodorante
Hay que usar desodorante todos los días.

la máquina de afeitar
Los hombres usan la máquina de afeitar para afeitarse.

la droguería   la farmacia
Voy a la droguería para comprar un peine.
Tengo que llevar las recetas a la farmacia.

la peluquería
María va a la peluquería para hacerse el permanente.

el corte de pelo
Juan va a la barbería cuando necesita un corte de pelo.

la lavadora   la secadora
Pongo detergente en la lavadora.
Uso la secadora para secar la ropa.

el bolígrafo   el papel de escribir
Puedo encontrar un bolígrafo y papel de escribir en una papelería.

el estanco
Venden cigarrillos y sellos en un estanco.

el champú
Hace falta champú para lavarse el pelo.

luggage

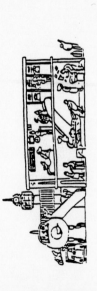

¿Qué buscan los pasajeros cuando bajan del avión?

watch repair shop

¿Adónde lleva usted su reloj para repararlo?

bracelet

¿Dónde puede usted comprar un brazalete?

postcard

¿Qué les manda usted a sus amigos?

ring

¿Qué lleva esta persona en el dedo?

gift

¿Qué les da usted a sus amigos para la Navidad?

midnight

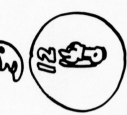

¿A qué hora se acuesta usted?

ears

¿Dónde lleva aretes la señorita?

gift shop

¿Dónde venden bufandas de encaje?

la medianoche
Me acuesto a la *medianoche.*
sinónimo: las doce de la noche

las orejas
La señorita lleva aretes en las *orejas.*

la tienda de artículos de regalo
Las venden en una *tienda de artículos de regalo.*

la tarjeta postal
Les mando *tarjetas postales.*

la sortija
Lleva una *sortija* en el dedo.

el regalo
Les doy un *regalo* para la Navidad.

el equipaje
Buscan el *equipaje.*
sinónimo: las maletas

la relojería
Lo llevo a la *relojería* para repararlo.

la joyería
Puedo comprar un brazalete en una *joyería.*

silver

¿De qué es la vajilla?

camera, film

¿Qué necesitamos para sacar fotos?

shoemaker

¿Quién repara los zapatos?

wallet

¿Dónde pone usted su dinero?

expensive

¿Los buenos perfumes son baratos?

broken glasses

¿Qué repara el optometrista?

turntable

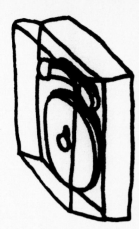

¿Qué usa usted para escuchar sus discos?

classical music, popular music

¿Qué música oye usted mucho?

traveler's checks

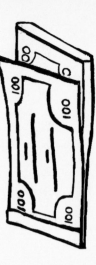

¿Cómo deben llevar su dinero los turistas?

el buzón
Podemos poner las cartas en el *buzón*.

la corrida de toros
Se divierten en la *corrida de toros*.

cobrar un cheque
La turista *cobra un cheque*.

los ojos
Leo con los *ojos*.

la boca
Comemos con la *boca*.

la cabina telefónica
Podemos poner una llamada en una *cabina telefónica*.

el médico
Saco la lengua para el *médico*.

el dentista
Voy al *dentista* si tengo un dolor de diente.

el trasero
Me siento en el *trasero*.

to cash a check

¿Qué hace la turista en el banco?

bullfight

¿Dónde se divierten los turistas?

mailbox

¿Dónde podemos poner las cartas?

phone booth

¿Dónde es posible poner una llamada?

mouth

¿Con qué parte del cuerpo comemos?

eyes

¿Con qué lee usted?

backside

¿En qué parte del cuerpo se sienta usted?

dentist

Si usted tiene un dolor de diente, ¿adónde va?

doctor

¿Para quién saca usted la lengua?

el tocadiscos
Uso el *tocadiscos* para escuchar mis discos.

la cartera
Pongo mi dinero en la *cartera*.

la plata
La vajilla es de *plata*.

la música clásica   la música popular
Oigo *música clásica*.
Oigo *música popular*.

caro
No, no son baratos; son *caros*.
Cuestan mucho.

la cámara   el carrete de película
Necesitamos una *cámara* y un *carrete de película* para sacar fotos.

el cheque de viajero
Deben llevar su dinero en *cheques de viajero*.

las gafas rotas
El optometrista repara las *gafas rotas*.
sinónimo: los anteojos rotos (Latin America)

el zapatero
El *zapatero* repara los zapatos.